项目基金：

福建省社会科学规划青年项目《国内外能源相对价格对中国出口贸易影响问题研究》（项目编号：2013C075）；

上海市高校内涵建设项目(085工程项目)——能源经济与服务管理。

国内外能源相对价格对中国出口贸易影响问题研究

杨迎春　著

厦门大学出版社　国家一级出版社
XIAMEN UNIVERSITY PRESS　全国百佳图书出版单位

图书在版编目(CIP)数据

国内外能源相对价格对中国出口贸易影响问题研究/杨迎春著.—厦门:厦门大学
出版社,2016.1
ISBN 978-7-5615-5879-9

Ⅰ.①国…　Ⅱ.①杨…　Ⅲ.①能源价格-影响-出口贸易-研究-中国
Ⅳ.①F426.2②F752.62

中国版本图书馆 CIP 数据核字(2016)第 008616 号

出 版 人	蒋东明	
责任编辑	吴兴友	
装帧设计	蒋卓群	
责任印制	吴晓平	

出版发行 厦门大学出版社

社　　址	厦门市软件园二期望海路 39 号	
邮政编码	361008	
总 编 办	0592-2182177　0592-2181253(传真)	
营销中心	0592-2184458　0592-2181365	
网　　址	http://www.xmupress.com	
邮　　箱	xmupress@126.com	
印　　刷	厦门市万美兴印刷设计有限公司印刷	

开本	720mm×970mm　1/16
印张	12.75
插页	2
字数	250 千字
版次	2016 年 1 月第 1 版
印次	2016 年 1 月第 1 次印刷
定价	40.00 元

本书如有印装质量问题请直接寄承印厂调换

厦门大学出版社
微信二维码

厦门大学出版社
微博二维码

序

中国的能源价格机制改革问题,一直都是热点话题,近年来因为国际国内的能源环境问题日益受到重视,使中国的能源价格机制的优化显得更加迫切。中国的出口贸易,在经历了多年的发展积累后,进入了一个前所未有的发展阶段,在国际竞争中的地位也达到了前所未有的高度。在当前国际能源环境和经济发展新背景下,从国内外能源相对价格角度思考其对出口贸易的影响问题,具有很高的现实意义。传统的贸易理论研究一般都集中于资本要素、劳动要素和技术要素的视角来探讨,且已经形成比较成熟的理论体系,能源要素具有一定的特殊性,其对贸易发展的影响也具有一定的独有规律,本书的研究在众多的研究思路上也是一种大胆的尝试,具有一定的理论研究意义。

本书共包括六大核心内容。其中第一部分是对国别能源价格机制选择差异的理论依据——基于贸易发展视角的研究,从贸易发展角度对不同国家在不同时期的能源价格机制的选择提供理论依据。第二部分是对中国能源价格机制演进及国内外能源价格比较研究,从中国能源价格机制的演进出发,结合上一部分的研究结论,分析其机制选择的根源。第三部分是国内外能源相对价格对中国出口贸易发展的影响研究,主要是从当前中国的能源价格机制导致的国内能源要素成本相对低廉出发,以"国内外能源相对价格差"的现象为基础,建立优化的经济数理模型来考察当前的能源价格机制的实施对出口贸易发展的影响机理,其中主要包括能源相对价格对出口贸易发展规模、出口贸易的结构变化以及对外贸易的比较优势的变迁等影响的理论分析,进一步地进行实证的佐证研究。第四部分是对国内外能源相对价格背景下中国出口贸易发展困境的研究,以国内能源问题和贸易发展形势的描述为背景,探索当前国内外能源相对价格现状在协调出口贸易发展与节能减排上的战略困境等。第五部分是基于国际分工视角对中国出口贸易未来发展战略的合理定位研究,主要是基于全球贸易分工体系视角对当前中国出口贸易发展现状、存在的问题及未来的发展方向选择进行全面探讨。第六部分是协调中国能源价格机制改革与出口贸易发展战略的政策建议,该部分结合当前中国出口贸易发展战略定位的确定,思考如何在实施能源价格机制改革的同时,协调好出口贸易的平稳可持续发展。

本书作者为我的博士研究生,其从攻读博士学位开始,便将能源价格与出口贸易发展问题之间关系的研究作为自己的研究方向,多年来一直致力于这一领域的探索,近年来在国内外期刊发表了多篇相关问题的研究论文,主持并完成了多项相关研究的课题,取得了一定的研究成果,我作为他的导师,甚感欣慰。当然本书的研究尚存在一定的不足,体现在对相关问题的研究上,还主要集中在较为宏观的层面的探讨;由于数据的可获得性和处理上的难度,使实证研究还局限于浅层次的分析。未来的研究中,希望作者能继续基于这两个角度进行深入探索。

岳咬兴

2015 年 8 月

前　言

　　所谓"能源相对价格"即指国内外能源的比较价格,是为避免国内外能源绝对价格比较中存在的统计误差,选取的代表国内外能源"一般价格水平"指标,仅仅旨在用于衡量国内外能源价格走势差异。能源作为一种与劳动力、资本等一样的生产要素,其价格的高低直接影响到一国的经济运行。能源要素价格形成又与其他生产要素价格形成相比有所不同,其易形成垄断价格,形成过程相对复杂,再则由于能源价格对国计民生的影响大,政府一般都会对其进行一定的行政干预。从出口贸易发展战略的视角来看,不同的国家对本国能源价格机制的选择,是具有一定的政策规律性的。基于战略性贸易政策理论的研究结论认为,一国采取能源价格补贴政策来控制本国能源要素价格有助于本国在出口贸易上的优势积累,而一国利用能源税等手段来提升能源价格以控制能源消费,则会导致该国在出口贸易上的劣势,使本国在同种商品的国际竞争中处于不利地位。由此,发展中国家在国内资本和技术资源缺乏的情形下,一般倾向于采用前者以使本国获得贸易发展机会,发达国家则相反。基于国民对政策诉求差异理论的研究认为,发展中国家与发达国家的国民在面对经济发展和节能减排两个政策目标时,各自诉求具有一定的差异,前者由于自身的经济发展权利没有得到保障,国民的诉求自然是以促进经济发展为目标,出口贸易的发展是经济利益得到保障的一种方式,国民在其与节能减排之间进行选择时,则倾向于促进出口贸易发展;相对应地,发达国家的国民在自身的经济发展权利得到保障的前提下,对节能减排等问题的诉求更加强烈,其在政策上更倾向于能源节约与环境保护等长期可持续的战略目标。两者相比较,前者则一般会选择对本国能源价格的控制以保证出口贸易发展,后者则一

I

般会倾向于利用能源价格来控制能源消费。不同发展阶段下各国发展战略诉求差异导致其在能源价格机制选择上存在不同的取向。这些原因导致不同国家能源绝对价格的不同,进而形成了国内外"能源相对价格"现象。

中国当前的能源价格总体来说仍然是政府控制下的价格,很长一段时间里中国政府在考虑贸易发展与经济稳定的前提下,对能源价格的管理采取的一直是保持低价的政策措施,中国的能源价格机制下的能源绝对价格和能源变动的相对价格与同期的国际主要发达国家相比较都存在一定的差距,从能源要素的成本角度而言,这一现象表明中国在能源要素上具有成本优势。传统的国际贸易理论中的要素禀赋理论认为,一国的要素丰裕则使其要素价格低廉,通过生产环节后,则所生产的商品具有价格优势,该国出口密集使用这种要素的商品。从中国的实际情况来看,国内的能源供求严重失衡,很长时间以来,中国都是能源净进口国家,这样一个国家并不能算作一个能源要素丰裕的国家,这与中国当前出口的商品中很多为高能耗的商品的现象有所悖逆。对传统的 H-O 理论的适应性进行拓展得出,一国的要素禀赋可以由政策的行政干预形成,以能源要素为例,能源价格的管制政策可使一国获取能源要素的成本优势,相反,一国对能源实行高价以控制能源消费的政策,则其能源要素成本上处于劣势。由此不同国家形成了在能源密集型商品出口贸易上的不同优势状态。进一步地,从动态的角度而言,能源价格的上涨应导致本国的能源密集型商品出口受到冲击,但是中国的能源价格上涨背景下的出口规模和出口结构的实际变化情形都与此结论不符。探求这一现象背后的内在机理可知,"国内外能源相对价格"事实的存在是这一现象有力的解释,一个包含能源相对价格、技术进步和出口贸易规模的理论模型的推导剖析了其中的原因,实证的研究结论也与理论推导的结果一致。中国出口贸易结构优势同样是由于国内外"能源相对价格"现象的存在,使中国在能源要素上形成了一定的成本优势。

从中国能源领域出现的现实问题来看,能源领域的问题和矛盾日益凸显,中国的能源供求缺口扩大,碳排放等由于能源消费而引发的环境问题成为不可回避的现实问题。结合节能减排和出口贸易发展对中国当前的能源价格机制进行反思,可以发现该机制在很多方面都存在内在矛盾。首先,能源价格机制一方面保证了出口贸易的增长,但出口贸易的发展是引发能源消费增加的重要原因,能源价格机制对二者的调节出现困境;能源价格管制一方面促进了能源密集型商品的出口,使出口结构出现能源密集化的趋势,但是能源密集化又进一步拉动了能源消费的增加,二者同样存在矛盾;出口贸易的发展一方面会导致能源消费的增加,同时又可以促进能源消费效率的改善,能源价格杠杆应如何发挥调节作用出现两难。其次,对当前的能源价格补贴机制的探讨可以看出,能源价格补贴机制短期内尽管可以促进中国在出口贸易上的优势积累,但是长期里会导致贸易条件的恶化,同时大量的能源补贴通过出口补贴给了国外的消费者,使本国国民的福利受到损害。最后,在当前低碳经济在世界范围内成为共识的背景下,国内的能源价格机制会导致出现潜在的贸易摩擦,WTO 机制在这一领域的摩擦协调上出现了困境。总而言之,当前的能源价格机制在节能减排和出口贸易发展的双重战略诉求下表现出了机制上的缺陷和冲突,未来的改革不可避免。

改革当前的能源价格机制,既有助于协调好中国能源供求矛盾,也是实现保护环境等战略目标的政策需要。结合当前能源现实问题的解决思路来思考能源价格机制改革的取向可知,未来实现能源价格机制的市场化,促进国外能源价格变动的接轨,减少国内外能源价格波动差异是大势所趋。中国前期的出口贸易发展得益于能源价格的管制,也因此导致了出口贸易的"高能耗、高排放、低技术含量、低附加值"的特点,长期处于国际分工价值链的低端。从国家的长期能源环境约束和出口贸易发展战略两个角度而言,都必须对中国的出口贸易发展思路进行彻底的调整。基于全球贸易分工体系视角来全面思考中国未来出口贸易的发展战略取向,笔者认为保持我国出口贸易的现有地位是首要问题;进一步加强与价值链上下环节的国家的合作与互动,实现出口贸易的良性发展,最后通过资本与技术的积累,最终实现在全球贸易分工中获得较高分工地位,并使优势得到巩固是长期的战略目标。

就当前国内外能源环境而言,国内外能源相对价格现象将长期存在,而进一步的研究则不难发现,中国国内的能源价格将随着改革的推进而上涨。能源价格上涨则会对中国的出口贸易的规模和结构都带来冲击,在新的国际能源价格走势下,已有的一般均衡分析已经得出了能源价格上涨抑制出口贸易发展的结论,出口贸易结构中的能源密集型产业受到的冲击将更大,而在考虑到国际能源价格走势的开放条件下的分析则为我们的改革提供了理论支持,只要保持合理的能源价格上涨幅度,进一步促进能源效率的提高,降低国内外能源相对价格差异化波动幅度和稳定出口贸易发展是可以兼得的。结合中国能源价格市场化和出口贸易发展战略这两个政策目标来提出能源价格机制改革的路径是可行的,也是理性的。最后,从出口贸易发展的角度,主动积极的贸易政策的干预可保证中国在国内外"能源相对价格"背景下,继续促进出口贸易的发展,以保障出口贸易长期战略目标的实现。

本书共分为九大部分:第一章为导论;第二章为文献综述;第三章为国别能源价格机制选择差异的理论分析;第四章为中国能源价格机制演进及国内外能源价格比较;第五章为国内外能源相对价格对中国出口贸易影响研究;第六章为国内外能源相对价格与中国出口贸易发展困境;第七章为全球分工体系视角下中国出口贸易发展战略取向;第八章为中国能源价格机制改革与出口贸易发展战略协调;最后一部分为研究总结及展望。

本书的研究和出版工作得到了福建省社会科学规划青年项目(项目编号:2013C075)和上海市高校内涵建设项目(085工程项目)——"能源经济与服务管理"的资助,在此本书作者杨迎春表示衷心感谢。本书中部分章节的内容来源于作者前期发表的论文,对其中的相关数据和表述做了尽可能的更新调整,并均列于参考文献,本书作者在此对论文的所有相关合作作者一并表示感谢。最后作者还要感谢厦门大学出版社的相关领导和本书的责任编辑,他们在本书的出版过程中提出的宝贵意见让本书增色颇多,使我受益匪浅。由于时间紧促,书中难免有不足之处,敬请批评、指正。

杨迎春

2015 年 8 月

目　录

第一章　导 论

能源作为一种与资本、劳动力、土地等一样的基础性生产要素,其价格变动对经济发展的重要性是毋庸置疑的。在当前这样的国际、国内能源问题日益受到关注的背景下,思考能源价格对经济的影响的研究是十分具有理论和现实意义的。与其他一般的生产要素相比,能源要素的价格对经济活动的影响更加广泛和深远,正因为如此,各国在能源要素价格形成和管理机制上表现出结合自身经济发展特点的审慎态度。中国的能源价格机制伴随着中国经济的发展而自然演进,其在不同的时期表现出不同的历史特征,与国际市场的能源价格之间一直保持了一定的差异,前期的能源价格机制下形成的国内能源价格为中国的出口贸易的发展做出了巨大的贡献,但在当前国际、国内节能减排的长期战略约束下,要实现中国出口贸易的持续稳定发展,中国面对国内外能源价格差异的协调与出口贸易的发展两大问题,需要提出更加有效的能源政策和贸易政策。

第一节 研究背景

能源是基础的生产要素之一,经济的增长势必会引发能源消费量的快速增加,近年来世界经济的持续稳定发展,也相应地拉动了全球能源消费,世界能源消费的总量也随之持续上升。

根据 2014 年 6 月公布的《BP 世界能源统计》数据显示,1965 年世界一次能源消费量仅为 38.27 亿吨当量油,从 1993 年到 2009 年的消费总量的变化趋势来看,除 2009 年因国际金融危机的影响而略有回落,其他时段都呈现了持续上升的态势(见图 1.1)。根据《BP 世界能源统计》2011 年报告,2010 年全球能源消费在经济复苏的推动下,经历了一波强劲的反弹,数据显示,2010 年,全球一次能源消费总量增长了 5.6%,一举超过了 2008 年经济衰退前的峰值,达到了 1973 年以来的最高水平,其后几年的一次能源消费总量持续上升,至2013 年,已达到 127.304 亿吨当量油的水平。与此对应的是国际能源价格的巨大变化,1993 年至 1997 年表现出一波上涨,在 1998 年价格出现一个价格低谷期,随后便又进入一个上升期。尤其是进入新世纪以后,国际油价、煤炭价格、天然气价格均表现出大幅度的上升趋势,北海布伦特原油、迪拜原油和西德克萨斯原油三大市场的平均原油价格从 1998 年的 13.06 美元每桶增长到 2008 年的 96.99 美元每桶,由于金融危机的影响,在 2009 年到 2010 年略有回落,2010 年仍然位于 77.01 美元每桶高位,随后保持持续上涨态势,至2013 年又达到 106 美元每桶的价格(见图 1.2);同期美国煤炭现货价格是从31.72 美元每吨增加到 2008 年 118.79 美元每吨的高位,到 2010 年为 96.10 美元每吨,2013 年回落至 71.39 美元每吨。相比之下,2009 年至 2013 年这一时

百万吨当量油

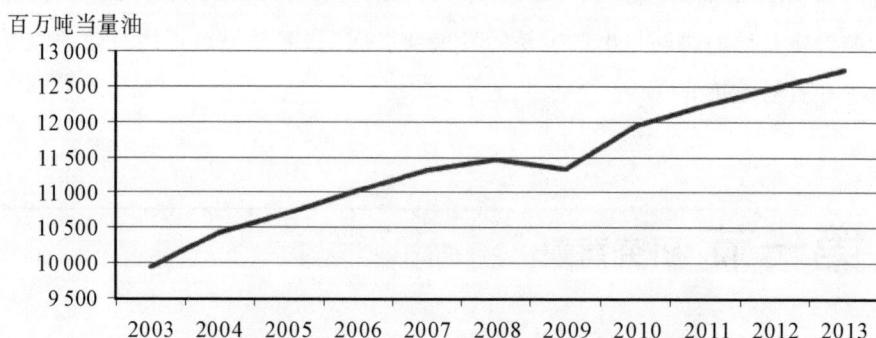

图 1.1 世界一次能源年消费量趋势图(2003—2013 年)

数据来源:Statistical Review of World Energy 2014,http://www.bp.com/en/global/corporate/about-bp/energy-economics/statistical-review-of-world-energy.html。

期内各国的煤炭价格呈现一定的差异化走势,但多数国家表现为上升趋势。总体来看,能源价格短期内受能源金融市场的干扰和能源垄断组织的控制而出现较大幅度的波动,但在世界能源供给增长相对有限的背景下,长期趋势主要表现为受世界能源消费需求拉动的影响较大。正如国家发改委能源研究所副所长戴彦德(2011)在亚洲能源论坛上所说,从长期看,全球资源价格上涨是大势所趋。

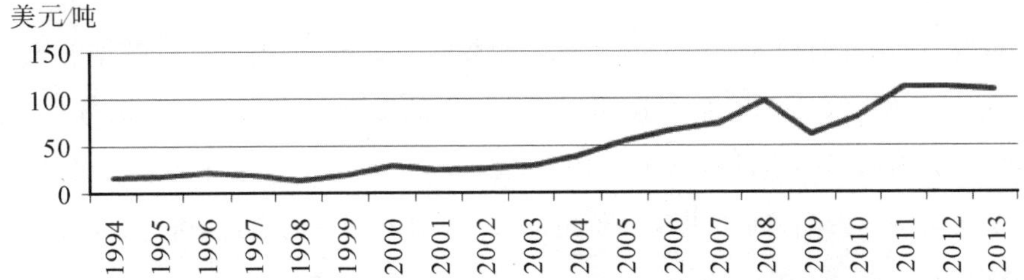

图 1.2 　1994 年至 2013 年布伦特原油现货价格走势

数据来源:Statistical Review of World Energy 2014,http://www.bp.com/en/global/corporate/about-bp/energy-economics/statistical-review-of-world-energy.html。

中国当前一次能源总产量虽然已位居世界前列,但是最近几年中国能源问题尤为突出,随着中国国民经济的快速持续增长,能源工业产能趋紧,不少地区出现限电、缺煤、缺油和缺气现象,能源工业成为制约国民经济发展的薄弱环节。根据国家能源局和国家统计局的统计数据显示,2009 年全国一次能源生产总量为 27.5 亿吨标准煤,比上年增长 5.2%,增幅回落 0.4 个百分点,至2013 年已达到 34 亿吨标准煤的水平;与此同时,能源消费总量从 2009 年的30.66 亿吨标准煤持续增长至 2013 年的 37.5 亿吨标准煤的水平。在这种产量增幅略有下降,消费量增幅持续上升的情况下,能源供需缺口由 2009 年的2.5 亿吨标准煤上升到 2013 年的 3.5 亿吨标准煤,能源供求关系日益紧张。截止到 2008 年,中国一直是煤炭净出口国,但是,其净出口量在逐年下降,这种情形一直维持到 2009 年,当年中国累计进口煤炭 1.26 亿吨,比上年增长211.9%;出口 2 240 万吨,下降 50.7%;全年净进口煤炭 1.03 亿吨,第一次成为煤炭净进口国。近年来,受国内实体经济增长缓慢的影响,煤炭进口趋势暂时受到遏制,但是至 2013 年也达到了净进口 3.2 亿吨的水平,长期来看,未来对国际煤炭市场的依赖不可避免。早在 2009 年发布的《能源蓝皮书》中对中国未来能源对外依存度的预测表明,中国原油、煤炭和天然气的对外依存度将呈现越来越高的趋势。中国能源不仅对外依存度越来越高,经济发展对能源的依赖度也相对发达国家较高,这使得中国能源安全存在很大的风险。

中国部分定价已经接近市场化的能源品种的价格近年来也持续走高,以中国能源消费结构中占比最大的煤炭为例,在经历了多年的价格形成机制的改革后,在一定的程度上已基本实现了市场定价的模式,通过统计数据的表述来看,其价格除在 2009 年由于国际金融危机的影响下出现短暂的回落外,近年来表现出相对稳定的价格走势,维持在 600 元每吨左右的价格水平,受国内外煤炭市场的影响,间或表现出价格的波动,与国际市场的绝对价格以及价格走势基本接近,如图 1.3 所示。

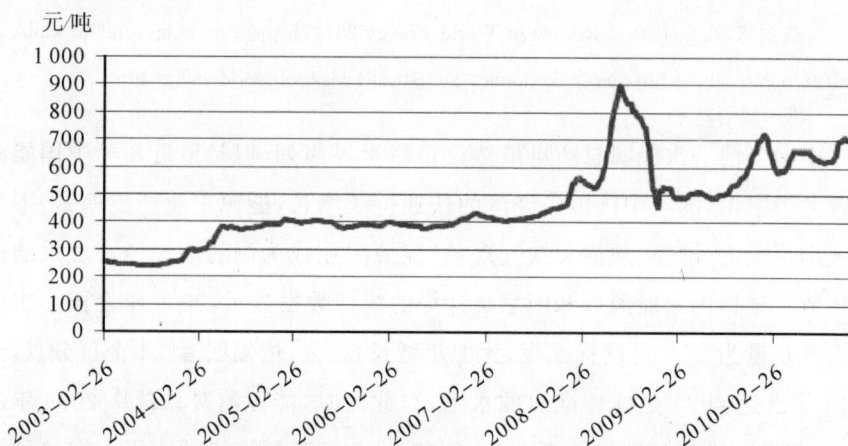

图 1.3   2003 年 2 月到 2011 年 1 月中国煤炭价格走势图

数据来源:中国煤炭网

但是从中国的主要能源品种的价格机制来看,需要看到的另一个问题是,当前中国的电力、成品油、天然气的价格形成和调整机制都未实现市场化,其价格的形成到价格的调整都由政府严格管制,相比于一些国家,中国的主要能源品种价格在很长一段时间内在绝对价格上是低于国际市场的。以电力价格为例,鉴于电力的价格数据收集存在巨大的难度,为保证电力价格比较的科学性,一般将其分为上网电价和终端电价的比较,目前除个别国家外很少有以国家为单位的上网电价统计,我们为了方便比较,将各国及各地区电力交易所的交易价格视为上网电价。根据 2010 年中国与美国、墨西哥两个国家的平均销售电价比较可以看出中国的电价在国际上属于较低水平(如表 1.1 所示)。

表 1.1 中、美、墨上网电价比较

单位:美元/(kW·h)

国 别	美 国	墨西哥	中 国
平均销售电价	0.097	0.102	0.089

数据来源:美国,能源信息署(EIA);墨西哥,能源部(SENER);中国,国际电力监管委员会《电价执行情况监管报告》。

一方面,这一能源价格机制为中国的经济发展提供了低廉的能源成本。改革开放初期至 20 世纪 90 年代中期,中国既无资本优势,又无技术优势,从当时的实际情况来看,没有经过训练的劳动力也是低效的,也就是说连劳动力优势都没有。此时的中国在国际产业分工体系中处于产业链的低端,要在出口贸易上有所发展,只能依靠资源优势,在缺乏其他竞争力的条件下,中国政府只能以能源价格管制方式实现国内能源要素优势,以降低国内企业的能源成本,进而降低产品价格,增强其国际竞争力。自 1978 年中国改革开放以来,出口贸易在促进中国经济发展中的作用就日益显现。作为拉动经济增长的"三驾马车"之一,其在为中国改变落后的经济面貌,加快现代化建设和提升国家的综合实力上做出了巨大的贡献。在过去的这 30 年里,出口贸易的规模不断扩大,出口结构相对优化。各类商品的出口额均表现出稳定的增长态势。到 2008 年,中国全年货物进出口总额 25 616 亿美元,其中商品出口总额达到14 306 亿美元。2008 年全年国内生产总值 300 670 亿元,按当年末 1 美元兑6.83 元人民币汇率计算,全年中国出口总额占国内生产总值比例高达32.45%。2009 年的进出口贸易总量受到欧美金融危机的影响,略有降低,也到达 22 075 亿美元,其中出口贸易总量达到 12 016 亿美元,根据德国批发和外贸协会的估算,德国 2009 年出口总值为 11 700 亿美元。因此,尽管中国的出口总值是同比下降,但 2009 年仍然赶超原来世界第一的德国,正式成为世界第一出口大国,2010 年至今出口贸易增长势头虽然有所减缓,但至 2013 年,出口贸易总额已达到 13 731 亿美元。这既是得益于一个相对稳定和繁荣的国际市场环境,为中国出口贸易的发展提供了广阔的天地,使我们得以抓住机遇,引进国际先进技术,吸引外商的投资,提升国内产业结构,积极地参与到国际分工中,实现了出口贸易的跨越式发展。同时更是得益于国家在各项制度建设上的把握和支持,才有了出口贸易发展的良好国内政策环境,其中中国的能源价格管制政策的实施也在一定的程度上为出口贸易的发展做出了很大的贡献。与此同时,学者们的研究表明,中国经济运行所消耗的能源,全部附着于产品和服务,快速增长的外贸出口和不断扩大的外贸顺差是中国能源需求和排放增长重要的驱动因素。作为一个发展中出口大国,在国际贸易的分工体系中处于产业链的低端,尽管近年来不断推进外贸产业结构的升级,但相比从发达国家进口的产品,中国出口产品仍然以附加值较低,单位出口贸易额的能源消耗和排放均较高的商品为主,出口贸易因此导致能源消费和碳排放的不平衡。这一现象一方面对国内能源资源和环境带来很大压力,另一方面也引起国际社会对中国能源需求和排放增长的担忧和指责,各种版本的"中国威胁论"层出不穷。"中国能源威胁论"者指责中国石油进口是引起国际能源市场石油价格上涨的主要原因,"中国气候威胁论"者则一边享受甚至奢侈消费大量中国制造的商品,一边指责中国不承担温室气体义务不公平(潘家华等,2008)。

历数中国在出口贸易上已经取得的成就的同时,清醒地认识到中国在出口贸易发展上的不足和准确地对未来的战略方向进行定位是当前中国政府需要面对的重要问题。随着经济全球化的不断推进,资金、技术、产品、市场、资源、劳动力等要素在世界范围内的流动和配置更加活跃。以信息、通讯为主导的科学技术进步使生产效率得到极大的提高,国际产业转移不断深化和发展。经济全球化、科学技术进步、国际产业转移和各国之间加强合作等为中国融入世界经济提供了历史性机遇。中国政府顺应时代潮流,以经济建设为中心,实行改革开放,发展与世界各国的经济技术合作,积极合理有效利用外资,充分发挥比较优势,促进了国际产业链分工的深化,为对外贸易发展创造了有利条件。在这个进程中,外国企业尤其是发达国家的跨国公司在中国获得大量投资机会,其拥有的资本、技术、管理经验和销售渠道等要素实现增值,分享了中国经济高速增长的成果。中国对外贸易的发展得益于改革开放,得益于经济全球化,得益于坚持走互利合作共赢道路。中国的发展离不开世界,世界的繁荣稳定也离不开中国。中国仍然是一个发展中国家。与世界贸易强国相比,中国出口产业仍处于全球产业链的低端,资源、能源等要素投入和环境成本还比较高,企业国际竞争力、一些行业的抗风险能力相对较弱等。实现由贸易大国向贸易强国的转变,将是一个较为长期的进程,还需要付出艰苦努力(中国的对外贸易政府白皮书,2011)。

近年来,由于中国特殊能源价格机制背景下引发了"油荒""电荒""煤电冲突""油价倒挂"等现实矛盾和问题,能源税收和能源补贴等能源价格调控机制都未能真正有效解决当前能源形势下出现的新问题。2011 年中国能源市场供需频繁出现失衡现象,从年初开始"电荒"、"煤荒"到下半年"柴油荒"连续不断,而且来得早,年初 3 月份就出现淡季电荒。除浙江、江苏等东部发达地区外,湖南、安徽、河北、山西、重庆、贵州等中西部省份也都遭遇近年来最为严峻的"电荒"。华东电网公司发展策划部高级工程师杨宗麟的观点认为:电力企业发电积极性不高,主要是由于价格机制导致。电煤价格不断上涨,作为产品的电价却没有同步上涨,导致电厂越发电越亏损。"加快理顺煤电价格关系,加大电力跨区输送建设力度,是从根本上避免'电荒'的必经之路。"(王蔚、刘雪,2011)因此,近年来中国的能源价格机制的改革问题一直成为一个争论的焦点,也成为中国政府空前高度关注的问题。全国人大代表谢明亮、张崇羲、贾福清和全国政协委员朱长林等人所提出的议案中同样指出,目前中国销售电价未能真实反映能源资源稀缺程度、环境损害成本和电力生产成本,电网发展能力堪忧,也不利于资源节约型、环境友好型社会建设。与电价改革同样被高度关注的,还有天然气价格改革。目前出台的石化产业调整振兴规划明确提出,中国要加强进出口监管,完善能源产品价格形成机制。原国家能源办副主任、全国政协委员马富才呼吁尽快启动天然气价格改革,实行成品油燃油税价外征收,同时坚持机制接轨的思路。能源价格改革无异于一场攻坚战,改革当前的能源价格机制势在必行:首先要改革电力定价机制,推进电力市场化改革。同时,提高成品油价格,改变原油、成品油价格倒挂现象。此外,适时改革资源税,提高能源使用成本。再辅以严格的环保节能法律条例和财政手段,惩罚高能耗、高污染行业,鼓励服务业和高科技产业等低能耗行业的发展,推动环保节能设备以及新能源开发,从而实现产业结构升级(王伟,2009)。

鉴于上述的背景,以下几个研究的重点话题将有待我们的探索:

不同国家为何在能源价格机制形成上存在巨大的差异?当前的中国的能源价格机制下能源要素成本如何形成?国内外能源相对价格是如何影响中国的出口贸易发展的?国内外能源价格差异对中国的出口贸易的发展有哪些积极影响与制约?在当前的国际国内能源环境下,许多能源领域出现新问题,是否有必要改革中国的能源价格机制?当前国际国内竞争形势下,中国未来出口贸易发展战略如何理性定位?进一步的问题是:如何在进行能源价格机制改革的同时,保证中国出口贸易发展战略目标的实现?

第二节 研究意义

一、研究的理论意义

(一)本书以能源要素价格机制为对象,对传统贸易理论适应性进行拓展

能源作为经济活动中不可缺少的基础生产要素,其对一国经济的发展具有重要的意义,相对于传统经济增长理论中生产要素分类的劳动力要素和资本要素,能源要素具有其特殊的性质:首先,与其他生产要素的价格形成不同,能源产业中存在的垄断及其外部性使政府势必会干预能源价格形成过程和机制。无论是垄断还是外部性,都意味着参与能源市场的各主体之间存在着竞争地位上的不平等,如果不考虑能源行业的这些特性而单纯由市场机制形成

能源价格,市场调节实际上是处于低效状态的。政府要为价格的形成培育竞争的市场环境、通过各种行政手段和税收政策将外部性尽可能地内部化,在政府和市场的共同作用下,形成相对公平的价格和真实反映供给(郭海涛,2008)。其次,能源关系到一国经济的命脉,能源的生产供给和需求都对一国经济具有举足轻重的影响,能源作为战略生产要素,使其成为各国之间经济竞争、经济可持续发展的重要筹码,能源要素的价格往往也因此而受到政策的管制,形成一种特殊的价格形成机制,其对下游经济的影响因而变得复杂和不确定。再次,能源消耗产生的"碳排放"等环境问题已经在国际范围内引起了广泛的关注,各国都在思考合适的应对措施,在各利益相关国形成的集团之间也在进行博弈,对世界的经济格局和经济发展模式带来冲击。各国涉及能源问题的政策不再是单纯的经济行为,还涉及全球的社会责任的承担等问题。

能源要素本身的特殊性会使各国的能源价格机制存在一定的差异,直接导致国内外能源价格的差异,进一步影响到国内外生产活动中能源要素成本的形成。传统贸易理论的研究重点集中在资本和劳动力要素问题上,对要素价格的形成主要是基于完全市场的假设下的价格,本书的研究旨在从国内外能源要素价格差异问题出发,探讨国内外能源相对价格对中国出口贸易发展的影响,对传统国际贸易理论的普遍适用性进行一定的拓展。

(二)本书的研究是基于能源经济学与国际贸易学的跨学科研究

能源是人类社会赖以生存和发展的重要物质基础。能源在其开发利用过程中,存在着诸如市场、价格、供求关系等各种各样的经济现象,它与人们的日常生活及社会的经济发展息息相关。能源经济学正是在这种背景下发展起来的一门年轻的学科,主要研究能源生产、交换、分配、消费过程的经济关系和经济规律。能源经济学为国家和地区制定有关能源工业发展的方针、规划、政策提供理论依据。能源经济学包含对能源的需求、能源的定价机制、能源产业的组织结构、能源对其他产业结构变动趋势的影响等的研究;研究方法是引入随机模型或大量的计量模型,如包括价格的随机变动、随机的外部冲击等等,甚至应该构造一个包含能源生产、能源需求和能源价格波动的一般均衡模型。

从能源经济学研究的任务来看,这一认识过程大体经历了三个阶段:一是在能源生产供给相对充裕的阶段,能源经济学研究的任务主要是如何有效地生产、加工、转换、输送能源产品,以满足经济发展的大量需求。如上世纪70年代以前,人们对能源供给抱乐观的态度,似乎能源是一种取之不尽而可有效保障需求的资源,因而,能源经济学研究的重点便侧重于能源开发利用的政策研究。二是上世纪70年代中期,随着能源危机的爆发,能源价格上涨对世界经济产生的冲击前所未有,因此,能源经济学界对能源价格的形成及其变动对经济活动的影响研究在全球范围内受到关注。当前中国的能源价格机制的改革问题正是能源经济学领域研究的热点问题,"煤电联动"问题,天然气、成品油等主要能源品种的价格形成机制问题的探讨空前热烈。

国际贸易学的研究无法脱离一国能源问题而独立思考,传统的研究模型都主要集中于资本、劳动要素价格对国际贸易的影响的研究。本书在理论上从能源要素定价机制的特殊性出发,研究国内外能源价格差异的形成及其产生的影响,进一步将国内外能源相对价格与中国的出口贸易发展问题二者联系起来,并深入研究二者的理论关系和实际影响情形,以期得出在改革中国能源价格机制的前提下,保证中国出口贸易的稳定且可持续发展的政策思路。本书的研究某种程度而言,是能源经济学问题与国际贸易学问题的跨学科的综合研究。

二、研究的现实意义

能源要素本身的特殊性使国内外的能源价格形成机制存在一定的差异,直接导致了国内外能源价格走势的差异。简单选取2005—2014年间煤油电价格指数作为衡量国内能源价格变动的指标,国际能源商品价格指数衡量国际市场上的能源价格变化,对二者趋势比较发现,国内外能源价格长期走势基本相同,但同期波动幅度存在差异。2005—2008年间国际能源价格上涨幅度远大于国内,随后2009年的下跌幅度也大于国内,2009年至2013年间的上涨幅度又大于国内,直至2014年下降时,其幅度又快于国内。国内外能源价格的差异化波动对中国的出口贸易发展产生了一系列的影响效应,例如:在前期国际能源价格上涨的背景下,中国的能源价格管制政策导致国内能源价格上涨幅度低于国际水平,对中国出口贸易规模的增长和出口贸易结构的升级都起到了至关重要的作用,同时这也是形成中国高能耗、高排放的出口结构特点的重要原因之一。国内、国际市场的能源价格差异化波动是中国现阶段经济新常态下制定出口贸易发展战略政策必须考虑的重要因素。

中国能源消费的快速增长,与中国出口贸易的快速发展密切相关。陈迎、潘家华、谢来辉(2008)研究指出:事实上,作为"世界加工厂",中国能源需求大不仅是因为旺盛的国内消费需求和较高的固定资产投资,快速增长的外贸出口和不断扩大的外贸顺差也是重要的驱动因素。他们提出包含产品上游加工、制造、运输等全过程所消耗的总能源的"内涵能源"的概念,相对于直接能源消耗而言,"内涵能源"从一个更加科学的视角揭示了出口贸易对能源消耗的影响。由于中国在国际产业分工中位于产业链的低端,其中能源密集型的产品出口占了较大的比例,在经济全球化的进程当中,大量能源密集型的产业被转移到中国,使中国在成为"世界工厂"的出口贸易大国的同时,也间接地出口了大量的"内涵能源"资源。之前学者们的因果研究结果一致认为出口规模的扩大是中国能源消费提高的首要原因之一。一方面,不断增长的产品出口,实际上也在间接出口这些产品消耗的能源,出口贸易中的内涵能源是导致中国能源消费量巨大的主要原因之一;而另一方面,中国的能源供求关系紧张问题已经成为一个影响到国家长期经济发展至关重要的因素。中国目前的出口贸易规模尽管已经是世界第一位,但是当前要以控制中国的出口贸易规模以节约能源消费的思路值得商榷。从人文发展的角度来衡量中国出口贸易问题,正如中国社会科学院裴长洪(2010)所指出的那样,由于中国庞大的人口基数的原因,中国人均出口贸易额其实还非常低。在这样一个背景下,我们尽管需要控制能源消费问题,但是通过控制出口规模的增长来达到这个目标不是当前最优的选择。另一个角度来看,能源是满足人类衣、食、住、行等物质生活需求的基础,人文发展需求离不开一定的物质和能源消费。对于人文发展目标尚未实现的中国而言,为了使中国绝大多数人也能达到发达国家的一般生活水平,必须进一步促进出口贸易的发展,而非简单地把节约能源消费放在首位。

当前,我们既要缓解中国能源消费带来的问题和压力,又要保证出口贸易发展战略目标的实现。能源价格作为调整经济活动的基本工具,面对国内外能源价格差异的客观经济现状,中国的能源价格机制的合理改革将对上述两大政策目标的实现提供保障,探索在进行能源价格机制改革的同时,实现中国的出口贸易发展战略目标的合理路径,并提出可行政策建议,具有十分重要的现实意义。

第三节 研究内容、思路与方法

一、研究内容

(一)国别能源价格机制选择差异的理论依据——基于贸易发展视角的研究

正如前文所述,能源要素的特殊性使各国都十分重视能源价格的管理,但是由于国家的经济发展阶段不同,国家贸易发展战略的选择以及国民对政策的诉求等因素的不同,各国在选择能源价格的管理方法上又表现出不同的政策动机,由此进一步产生了不同的能源价格表现和出口贸易竞争优势。这部分的研究旨在从贸易发展角度对不同国家在不同时期的能源价格机制的选择提供理论依据。

(二)中国能源价格机制演进及国内外能源价格比较研究

本部分的研究首先从中国能源价格机制的演进出发,结合上一部分的研究结论,分析其机制选择的根源。其次,结合中国的出口贸易的发展对当前中国能源价格机制做全面的考察,对其形成的历史根源进行探索。再次,对中国现行的能源价格机制的特点进行评述,并对能源价格的形成过程深入剖析。最后将对国内外能源绝对价格进行比较分析,进一步选择相对科学的指标,来衡量国内外能源价格水平,构建国内外能源相对价格指标。

（三）国内外能源相对价格差异对中国出口贸易发展的影响研究

主要是从当前中国的能源价格机制导致的国内能源要素成本相对低廉出发，以"国内外能源相对价格差异"的现象为基础，建立优化的经济数理模型来考察当前的能源价格机制的实施对出口贸易发展的影响机理，其中主要包括能源相对价格对出口贸易发展规模、出口贸易的结构变化和对外贸易的比较优势的变迁等影响的理论分析，进一步地进行实证研究。

（四）国内外能源相对价格差异背景下中国出口贸易发展困境

该部分以国内能源问题和贸易发展形势的描述为背景，建立一个包含能源价格、出口贸易、能源消费及碳排放的一般均衡模型。分别从"能源价格—出口贸易—能源消耗"、"能源价格—出口结构—能源消耗"两个角度来探索当前的国内外能源相对价格现状在协调出口贸易发展与节能减排上的战略困境，进一步地分析能源补贴政策对出口贸易的影响和补贴的对外流失，最后探讨了当前的能源价格机制下出口贸易发展将面临的潜在的贸易摩擦问题等。

（五）基于国际分工视角对中国出口贸易未来发展战略的合理定位

该部分的研究主要是基于全球贸易分工体系视角对当前中国出口贸易发展现状、存在的问题及未来的发展方向选择进行全面探讨，旨在认清当前中国出口贸易发展的客观成绩和潜在的危机，从理论上为中国出口贸易的长期稳定发展提供决策支持，对出口贸易发展有个基本的战略定位，从而为后文的分析提供一个基本的约束前提。

（六）协调中国能源价格机制改革与出口贸易发展战略的政策建议

该部分作为本课题的落脚点，在当前的国际、国内能源环境下，中国的能源价格机制改革具有必要性和迫切性。改革相应地引发能源价格的变动将对中国出口贸易的发展带来一定的影响和冲击，结合当前中国出口贸易发展战略定位的确定，思考如何在实施能源价格机制改革的同时，协调好出口贸易的平稳可持续发展是政策关注的焦点，也是本书研究的重点所在。

二、研究思路与方法

(一)基本思路

能源要素的特殊性使每个国家在选择能源价格机制时存在不同的动机导向,中国的能源价格机制就是结合中国的经济发展状况而做出的理性选择,但也使国内的能源价格与国外的能源价格无论是在静态的绝对价格,还是动态的相对价格上都存在一定的差异。当前的能源领域的问题一方面要求中国改革能源价格机制的功能以实现节能减排的战略目标,另一方面,从当前国际、国内的贸易分工的视角看待中国的出口贸易地位,未来的发展战略目标的实现仍需要能源价格政策的支持。由此,本书的研究思路以不同国家对能源价格机制选择差异的理论分析为起点,进而对中国的能源价格机制选择导致的国内外能源价格差异进行全面分析,在合理地对国内外能源相对价格指标进行量化构建后,建立一个包含能源相对价格、技术进步和出口贸易问题的一般均衡理论模型,来分析国内外能源相对价格对出口贸易问题的影响内在机理,进一步利用中国的实际出口贸易数据实证分析影响的方向与程度。最后,结合解决中国当前能源领域的矛盾冲突的诉求和促进出口贸易发展的战略诉求,来阐述在当前能源相对价格的影响背景下,如何合理改革中国的能源价格机制,有效地应对价格冲击,为出口贸易的可持续平稳发展提出政策建议。

(二)研究方法

1.逻辑演绎法

本书通过对国内外各类数据的整理、归纳和比较,对中国能源价格机制演进与现状进行深入剖析,对中国能源价格机制未来改革政策取向进行逻辑演绎;通过数据归纳分析与比较,对中国当前能源价格机制下国内外能源价格差异的形成加以阐述。把出口贸易发展同当前的能源价格这一热点现实问题结合起来思考,从贸易发展的视角重新审视中国的能源价格机制选择的合理性。

2.理论分析法

本书通过构建一个政府决策机制与能源密集型产品出口动因分析的理论框架,寻求各国在能源密集型产品出口问题上的政策支持诉求差异的理论依据。在讨论能源相对价格对出口贸易发展的影响机制时,提出能源相对价格的概念,并将其与贸易规模增长、出口结构及出口比较优势等问题之间的关系进行理论推导分析,构建一般均衡框架的数理模型,对二者之间的静态和动态的影响逻辑进行剖析。通过引进行政干预下的要素优势的概念,对传统的 H-O 理论的适应性进行拓展,形成新的分析框架来探讨中国的实际问题。

3.计量分析法

本书在归纳分析和理论分析的基础上,构建能源相对价格指标和贸易相对比较优势的衡量指标,结合计量分析方法来论证主要观点。采用了时间序列的协整计量分析、因果关系分析、脉冲响应分析、面板协整以及面板数据回归分析等方法。主要使用的计量软件包括 EViews6.0、Stata12 等。

第四节　主要观点、创新与不足

一、主要观点

(1)能源价格的形成机制因为能源要素本身的特殊性而具有了其他生产要素所不具备的独有性质;

(2)从战略性贸易理论视角和国民的政策诉求视角来看,一国能源价格机制的选择差异会影响到其贸易领域的发展与优势;

(3)中国的能源价格机制改革取得了很大的成就,"国内外能源相对价格差异"对中国出口贸易的发展作出了巨大的贡献,但在当前的能源和经济环境下存在一定的现实局限性,未来的改革是大势所趋;

(4)国内外能源相对价格差异现象的存在引发能源领域的供求矛盾和环境问题,从而导致能源价格机制与出口贸易发展之间形成了政策目标的战略困境;

(5)改革当前中国的能源价格形成机制,并在这一前提下保证中国出口贸易的平稳可持续发展是十分迫切的,二者的相互协调兼顾是实现中国未来能源战略诉求与出口贸易发展战略诉求的必要之举。

二、创新与不足

一方面,本书的研究以中国能源价格机制为起点,从国内外能源相对价格视角探讨出口贸易的发展问题,进而为我国的出口贸易战略的实现寻求支持,研究的视角具有一定的创新性;另一方面,本书从能源要素的非完全市场要素的性质出发,讨论在一个新的要素市场状况下对传统国际贸易理论的应用与拓展。从理论价值角度而言,本书的研究是对传统贸易理论有效性的检验,同时放松传统理论的前提假设条件,对理论的适应性进行拓展来研究能源价格因素与出口贸易规模、比较优势变迁等的关系。

本书是在较大的思路框架下来探讨国内外能源相对价格与出口贸易发展问题之间的相互关系,试图寻求二者之间的协调点。不足之处首先是研究的入手点相对较复杂,能源问题以及能源价格机制问题内容甚广,都难以简单处理,使研究的面略显宽泛。其次因为研究的落脚点和目标比较复杂,本书只能采用相对比较宏观的思路,研究的深度还有待挖掘,提出更加切实可行的政策建议;对相关问题的实证研究上,由于数据的可获得性和处理上的难度,使部分研究还局限于浅层次的分析,在对动态问题的分析上还相对有限。未来的研究中,将主要基于这两个不足进行深入探索。

第
二
章

文献综述

　　能源问题的研究是伴随着人类对能源的利用过程逐渐发展起来的，1860 年英国产业革命以后经历的第一次从木材到煤炭的能源利用转换过程中，如何大量地利用和消耗煤炭以满足和促进经济的增长是研究的重点。英国经济学家 William Stanley Jevons 1865 年出版的《煤的问题》一书，是文献中最早从经济学角度全面分析能源问题的专著。在该书中，Jevons 强调了化石能源的重要性，他认为任何一种可再生能源，要么太稀缺要么不稳定，因此无法作为工业时代的主要能源，真正的能源的救世主就是煤炭，煤炭是一种集中的、大量的、可储存的并且可以运输的能源，它是英格兰送给世界的一份礼物。第二次工业革命开启了人类电气化的新纪元，并极大地提高了全球生产力，从而使得大规模开发利用偏远地区的自然资源尤其是地下矿物资源得以实现，大大地促进了能源（资源）产业的形成和发展，与此同时，也导致了资源短缺、环境污染和生态破坏等问题加剧。在 20 世纪二三十年代产生了资源经济学，1931 年 Harold Hotelling 发表的《可耗尽资源经济学》被认为是资源经济学产生的标志，也为能源经济学研究奠定了基本的理论分析框架（林伯强，2008）。在 19 世纪 70 年代之前，能源供给一直处于相对充裕状态，对能源研究的主要内容都集中在如何有效地生产、加工、转换、运输以满足日益增长的经济需求。直到 1973 年的中东战争引发了第一次石油危机，导致油价在 1974 年翻了三倍达到 12 美元/桶，从而引发了全球性的经济衰退；之后 1978 年的第二次石油危机和 1990 年的第三次石油危机，都一定程度上影响了经济增长，同时，也彰显了能源在当时经济社会当中的重要性，出现了许多仅仅依靠传统的经济学很难解释的现象和问题,因此,从 20 世纪 70 年代开始,能源问题的系统研究逐渐产生并发展起来。

第一节 能源热点问题的研究

能源问题研究的热点主要集中在能源需求方面,研究能源需求与 GDP 之间的因果关系。这二者不同的因果关系具有不同的政策含义,对于能源政策制定者是非常重要的。如果存在从能源需求到 GDP 的因果关系,那就意味着该经济体是能源依赖型的,能源的短缺会对经济产生负面影响,会导致经济增长速度减缓和就业水平的下降。如果存在的是反向的因果关系,意味着该经济体并非能源依赖型的,此时,实施节能政策不会对经济造成负面影响。或者二者之间不存在因果关系,此时,节能政策的实施也不会对经济造成负面影响。或者二者之间存在双向的因果关系。现在,在世界面临能源与环境双重约束的背景下,二者的关系显得尤为重要,一方面,因为节能政策不仅仅能够实现节约能源的作用,同时也可以实现减少二氧化碳排放的作用;另一方面,如果发现发展中国家的确存在 GDP 到能源需求的因果关系,而且相对于发达国家,发展中国家的这种因果关系更加密切,那么就说明减少能源消费对发展中国家造成的影响更大,因此,应该由发达国家进行节能从而实现排放的减少。

国内学者也从不同的角度用不同的方法对能源需求和 GDP 的关系进行了研究,如林伯强(2003)应用协整分析和误差修正模型研究了中国电力消费与经济增长之间的关系,从而证实了中国的电力消费与经济增长具有内生性,二者相互联系。王海鹏和田澎(2006)采用变参数模型研究中国能源消费与经济增长之间的关系,认为二者之间存在随时间不断变化的长期均衡关系。另外,吴乔生等(2008)运用面板单位根、异质面板协整和基于面板的误差修正模型检验了二者之间的关系,认为中国整体上存在能源消费与 GDP 之间的双向因果关系,但存在区域差异性,东部存在从能源消费到 GDP 的单向因果关系,而中西部则存在从 GDP 到能源消费的单向因果关系。

　　能源强度的研究文献目前主要集中于三个方面,第一个是运用结构分解法和指数分解法对能源强度进行分解研究,从而找出能源强度变化的主要原因,Liu 和 Ang(2007)对这个问题做了较好的综述;第二个是研究能源强度与经济增长、外商直接投资、进口等经济变量之间的关系;第三个就是研究能源强度的收敛问题。从 1973 年世界石油危机开始,研究者们一直在探索工业部门能源消费变化背后的机制和影响因素,因为工业部门是一个经济体当中消费能源最多的部门,同时也是二氧化碳排放最大的部门。许多文献集中在对总的能源强度的变化分解为由结构变化带来的影响和子部门能源强度变化带来的影响。Liu 和 Ang(2007)对使用指数分解分析来进行能源强度分解的文献进行了综述,发现子部门的能源强度变化对工业部门总的能源强度变化起到关键性的作用,而结构变化随着研究的对象不同有可能导致总能源强度的提高或者降低。国内的文献研究包括吴巧生和成金华(2006)用 Laspeyres 指数对中国能源强度进行了分解,研究结果表明,1980 年到 2003 年中国能源强度下降的主要原因是各产业能源效率的提高,相对而言,结构效应的贡献较少,除了少数年份外,产业结构的调整对降低能源强度的作用是负面的。李国璋和王双(2008)也得出了相似的结论。

第二节　能源价格问题的研究

一、能源价格的研究

　　国外能源价格的研究主要侧重于能源价格的预测、能源价格对宏微观经济的影响等方面。

　　能源价格预测对能源生产者、消费者、政府以及其他商业机构的预算以及决策等方面都有着非常重要的作用。用于进行能源价格预测的模型主要包括金融类模型和结构类模型,前者是基于金融理论并通过现货市场价格和期货市场价格之间的关系来进行预测,后者更加重视那些对实体的能源市场有重要影响的变量。这两种模型之外,还有标准的时间序列模型,如随机游走和一阶自回归模型等(Longo 等,2007)。Moshiri 和 Foroutan(2006)使用了单方程、非线性的人工神经网络模型来预测日原油期货价格;Dee 等(2007)使用了多方程、线性的模型预测了季度价格数据。另外,Longo 等(2007)也对各种能源价格预测方法的预测效果进行了比较。

在能源价格对宏微观经济的影响方面,Hamilton(1983)最早开始对此开始进行研究,发现 1948—1980 年间石油价格水平提高导致了美国经济增长率的下降,之后又有许多文献进一步确定了石油价格和经济增长之间的负向关系(Gisser 和 Goodwin,1986;Hamilton,2000)。Mork(1989)发现原油价格波动对经济的影响是非对称的,即原油价格的上涨和下跌对经济造成影响的程度是不同的,普遍认为原油价格上涨对经济造成的负面影响要高于油价下跌造成的影响(Mory,1993;Mork 等,1994;Hooker,1996;Ferderer,1998;Huntington,1998;Hamilton,1996,2000)。Chaudhuri(2000)对石油价格和初级产品的真实价格的关系进行了研究,发现初级产品真实价格的不稳定是由真实石油价格的不稳定引起的。即使石油并没有作为投入品参与该初级产品的生产,其真实价格也会通过石油价格对汇率的影响而受到影响。

对石油价格与经济增长之间的关系研究从价格水平拓展到了价格波动,从 1948 年到 1985 年大多数时期石油价格都是在增长,但从 1986 年以后,石油价格的变化模式发生了变化,大幅度的涨跌频繁出现,因此石油价格波动成为文献研究的焦点。Hooker(1996)发现 1986 年以后的油价和美国的经济增长之间的关系已经无法通过油价和经济增长之间的线性关系或者 Mork(1989)不对称性来进行描述了。Hamilton(1996)发现 1986 年以后的大多数石油价格上涨都伴随着之后的大幅度价格下跌,因此他引入了"净石油价格上涨"的变量,用以分析其与经济增长之间的关系。

Jones 和 Kaul(1996)最先对国际股票市场对石油价格冲击的反应进行了研究,发现战后石油价格冲击对每个国家的股票市场都造成了明显的、负面的影响。Sadorsky(1999)用 1947—1996 年的月度数据而非 Jones 和 Kaul (1996)的季度数据来说明油价冲击对股票市场的负面作用,而且通过将研究的期限分为两个子区间,他发现 1986 年以后油价冲击对股票市场的负面影响更大。

能源产品的价格比非能源产品的价格波动大还是反之,这个问题对宏观经济和微观经济都有很重要的意义,但是现存文献的研究表明结论随着研究的时间区间的不同、研究的产品类型不同而不同。Regnier(2007)对 1945 年 1 月到 2005 年 8 月期间的各种产品的生产者月度价格进行了研究,发现原油价格、汽油价格以及天然气价格要比其他国内生产的 95% 的产品的价格波动性都大。

国内对石油价格波动及其影响的研究也相对比较丰富,在定量研究方面,冯春山等(2003)建立了国际油价的 ARCH 模型;潘慧峰等(2005)运用 GARCH 模型和 Granger 因果检验分析了纽约和新加坡两个石油市场波动的溢出效应;张意翔等(2007)分析了国内外原油价格的互动关系,魏巍贤和林伯强(2007)对国内外原油价格波动性及其相互关系进行了研究,结论表明国际油价的波动对国内油价具有导向作用,二者存在长期协整关系,但短期的波动过程各异。

二、能源价格机制及其改革的研究

由于能源包含的具体品种繁多,在价格机制的讨论和改革中也是分品种的研究居多,故以下的文献归纳评述,主要是基于煤炭、石油和电力三大主要能源品种来分别进行。

(一)煤炭价格机制的研究

近年来,国内对中国煤炭价格机制的研究很多,主要由于该领域暴露的制度问题越来越多,学者们都试图从自己的视角找出问题的症结与答案。郝家龙、宁云才(2006)开始采用博弈论的研究方法,将大小煤矿在生产过程中的边际成本差异归结为竞争性定价差异的根源。董浩平、徐丽萍(2009)对当前煤电之间的冲突做了理论解释,认为能源价格管制导致电力价格过低,煤炭价格的市场化受阻,真正有效解决二者之间的矛盾,就需要在考虑物价上涨压力的前提下逐步建立煤电价格联动的市场机制。谭章禄、陈广山（2009）在研究中国煤炭价格的形成时主要是使用实证的方法来考察影响中国煤炭价格的主要因素,并根据归纳的结果分别对影响因素的管理提出了合理的建议。万林葳、李永峰（2010）对当前能源领域的新问题——环境问题十分重视,并在讨论煤炭价格时认为不应该只是简单地考虑生产成本的大小,而应该将煤炭消费的环境成本加进来,真正把其外部性内部化。夏学英（2011）从煤炭价格机制对国民经济的深远影响入手,通过对中国煤炭价格形成机制历程中比较有代表性和重大意义的事件和政策的阐述,并结合低碳经济的要求对未来中国煤炭价格形成机制进行了分析和预测。由于国外在煤炭价格管理机制上并未经历中国这样类似的过程,相对来说,多数国家的煤炭价格管理都已经基本实现市场化,他们主要的关注点在于煤炭的消费对环境的影响,代表性的如:Tom Tietenberg 和 Lyee Lewis(1995)分析了煤炭的价格机制应当考虑到煤炭的外部性,以实现资源的可持续利用。Riehard Schwindt 和 Steven Globerman(2005)在其文章中提出了煤炭的定价应当考虑资源的利用中的公平补偿机制。

（二）石油价格机制的研究

石油价格机制在国内的研究中一直都是热门的话题,这主要是由于中国石油价格机制的改革和完善过程中存在很多有待改进的环节,现行的石油定价机制也存在一定的不合理性。以下可将这些研究分为两大类:第一类研究主要集中在现有石油价格机制存在问题的讨论。董秀成（2005）较早就对中国的石油价格机制问题进行了研究,他首先回顾中国石油价格机制演进的历史,对当前石油价格机制的滞后性和不合理性通过实证分析加以证明。李治国（2008）的研究结论与董秀成的观点基本一致,他主要是采用国际对比的方式来佐证自己的观点,认为国际上主要国家的石油定价都已经实现发现价格的机制,中国的价格机制导致价格调整滞后,不利于市场调节,同时对利用税费来调节石油价格提出了若干建议。仰炬等（2009）针对中国成品油政府管制,归纳整理了包括美国、日本、韩国等多个国家的成品油政府管制历程,通过实证研究利用协整理论,以基于向量自回归、Granger 因果关系检验以及方差分解、冲击响应函数、GARCH 模型,从多变量的角度分析国外原油市场与中国成品油市场相互关系,证明此次成品油定价机制改革的合理性。朱田伦(2009)研究中突出了中国面临的经济发展与资源环境的矛盾,节能减排成为新的战略任务,石油价格机制需要在控制能源消费上实现更有效的杠杆调节作用。陈宇峰、俞剑(2011)研究结论中分别从短期和长期角度来评价当前中国的石油价格机制,他们认为价格机制短期内在保障国内石油价格抵御国际市场的价格波动带来的冲击方面具有一定的积极作用,但是长期里将会造成能源利用效率的低下、能源浪费等现象。

第二大类主要集中在研究未来石油价格机制改革的方向。鉴于当前石油资源领域存在的一些现实问题,如何改革当前石油价格机制也存在不同的声音。争论主要集中在政府控制与市场机制的选择上,一类声音认为继续争取政府控制是有利的,如李妹(2008)认为短期内实现石油价格市场化是不利的,应该选择继续由政府控制,但是要进一步扩大石油价格波动幅度,缩短基准石油价格调整的频率,从而使价格逐步走向市场化、国际化。周立等(2008)的研究也同样主张渐进式改革,只是建议加大调整价格频率,扩大价格浮动范围。另一种声音认为,应逐步淡化政府对石油价格的人为控制,加大价格机制的市场化程度。孙仁金等(2009)提出石油定价中既需要考虑国际市场的价格波动又需要考虑其生产成本,价格的杠杆既要保证生产活动的基本需要,又要对不合理的能源浪费加以控制,实现石油定价的市场化有利于这一双向目标的实现。吴翔、隋建利(2009)从中国石油定价机制的历史变迁及国外定价机制的比较出发,指出中国石油定价机制的弊端,并提出石油价格机制的改革应从市场化方向出发。

(三)电力价格机制的研究

在各国进行的最为普遍且引起最大争议的能源市场改革应该首推电力市场改革。Joskow 和 Schmalensee (1983)对电力行业去监管化的前景和可能会带来的问题进行了研究;Green 和 Newbery(1992)对英格兰和威尔士的去监管化的零售电力市场的市场势力进行了模拟研究;之后,Newbery 和 Pollitt

(1997)对英国的电力市场私有化和重组过程进行了社会成本收益分析。电力市场化的过程是理论研究和实践相辅相成的一个过程,在理论研究期间,英国首先开始对其电力部门进行私有化改革,希望通过电力行业的重组加强电力市场的竞争性,之后,许多国家和地区也尝试了电力市场的市场化改革,直到发生了加利福尼亚电力危机和 Enron 事件。到目前为止,有些国家和地区的电力市场化仍然比较成功,如英国、北欧国家、智力、美国的 PJM 电力市场等,有些国家却从去管制化又向重新管制化回归。Joskow(2008)对全球 20 多年的电力市场自由化过程进行了总结和讨论,他认为设计一种在技术上和政治上都能令人满意的竞争性的批发和零售电力市场的确是一件非常具有挑战性的工作,加利福尼亚的电力危机、巴西、智利的电力危机等都说明了这点,但是这并不意味着电力市场的改革是错误的。Besant-Jones(2006)总结了发展中国家和转型国家的电力市场改革的经验教训。电力行业自身的特点导致其可竞争性的市场结构是不可能由市场和市场参与者自身来形成,电力市场需要严格的市场设计,特别是在电力行业重组初期,电力市场设计和严格的行业监管对于保证电力市场的竞争性非常关键。电力市场的设计缺陷可能导致市场交易的问题,扩大发电厂商的市场支配力量,影响短期调度效率,扭曲市场价格并降低长期资效率(李虹,2004)。齐平茹、王伟(2006)认为中国政府对电价的管制导致电价不能真实反映成本的变动,在一定程度上阻碍了电力企业之间的公平竞争。该研究提出了政府应该在价格管制上有所不为,逐步放松管制;同时在另一方面要有所为,即应该努力建立起电力企业之间公平的竞争秩序,实现发电企业类型多元化,减少依赖单一能源的风险,减少环境污染。曹倩、陈敬良(2011)研究认为从长远看,电价改革的最终目标是建立市场化的电价形成机制,实现电价与电力生产成本自由联动,合理反映能源资源稀缺程度和电力发展需求。

第三节 能源消费与贸易发展问题的研究

近年来,伴随着世界经济发展能源消费快速增长,全球范围内对能源问题的研究不断升级。经济全球化大趋势下,国际贸易发展也出现了前所未有的景象,多数国家都把对外贸易的发展作为本国经济发展战略的重要内容。传统国际贸易问题的研究一直集中在贸易发展与经济增长的相互关系上,研究都是基于劳动力、资本、技术三种生产要素,真正将能源要素纳入国际贸易的分析框架也是在最近的事。毋庸置疑,能源与贸易发展两个问题都是当前学术界不可回避的话题,二者之间的关系及相互影响的研究很有必要。从已有的研究进展来看,国内外关于能源问题与对外贸易发展问题之间的研究越来越受到重视,且表现出与经济发展中遇到的现实问题紧密联系的特征,以下将循着这个线索对该领域的研究进展进行全面的综述。

一、能源消费与对外贸易发展的相互因果关系

国际上关于这一主题的研究在 20 世纪 80 年代比较集中,这主要缘于 20 世纪 70 年代的"能源危机"的深远影响使各国的学者们开始关注对外贸易与能源消费的关系,研究话题主要集中在能源消费与进出口贸易之间的相互因果关系上,他们都采用实证的方法探讨一国能源消费与对外贸易二者之间的因果关系,区别在于采用的实证研究方法不同、研究的对象范围不同以及在分析过程中引入的其他影响因素不同。代表性的如 Arye. L. Hillman 与 Clark. W. Bullard(1978)使用 Leontief 投入产出法,在 H-O 理论模型中把能源消费作为解释变量,对能源消费与贸易的关系进行了研究。Goldemberg(1984)从供给和需求两个方面分析了拉美国家的能源消费结构与进出口贸易之间的关系,认为拉美国家的进出口贸易对其能源消费结构产生了重要影响。Owen(1982)对巴西、秘鲁等拉美国家的能源消费和出口贸易之间的关系作了研究,

以上两个文献都认为贸易与能源消费的规模及结构都有重要的关系,后者认为巴西、秘鲁等拉美国家出口的迅速扩大是造成这些国家 20 世纪 60—70 年代能源供给紧张的重要原因之一。中国国内学者对中国能源消费与出口贸易之间的关系的研究从 2005 年以来日益增多,这与近年来中国经济高速发展的同时引发的能源消费过快增长是相联系的。如董斌昌等(2006)通过建立自回归分布滞后模型研究中国的出口贸易对于能源的依赖程度,对 1978—2004 年中国出口贸易和能源消费的关系进行实证分析。朱启荣(2007)对山东省的能源消费与出口贸易关系进行了协整与 Granger 因果关系检验,指出山东省能源消费与出口贸易之间存在较强的相关性。Granger 因果关系检验的结果表明,山东省出口贸易规模的发展既影响能源消费量,同时又受到其能源消费量的制约。张传国(2009)以及苏桤芳(2009)等运用格兰杰因果关系检验以及脉冲响应和方差分解方法,分别对中国能源消费与出口贸易之间的因果、动态以及定量关系进行了深入研究。研究发现认为中国能源消费与出口贸易之间存在从出口贸易到能源消费的单向因果关系,出口贸易波动将对能源消费产生持续较大的影响,出口贸易对能源消费具有较强的依赖性。孙爱军和方先明(2010)为了分析中国不同区域经济增长的驱动力量,应用改进的费德模型,将进出口、能耗与经济增长纳入同一个分析框架,构建经济增长驱动因素分析模型,运用 2000—2007 年中国 31 个省域经济发展的面板数据,进行实证分析。研究结论认为经济增长总体上有高能耗、高对外依存度的特征,进出口贸易、能源消耗与经济增长存在因果关系。

二、对外贸易的发展如何影响能源消费

鉴于研究视角的差异,学者们对这一话题的研究又可被概括为三个主要思路:

(一)对外贸易过程中"内涵能源"的消耗测算

国外较早的文献,如 Wyckoff 和 Roop(1994)研究了 1984—1986 年 6 个 OECD 国家英、法、德、日、美、加进口产品中的内涵能源,说明国内节能政策的效果可能要打折扣,因为进口产品在国内消费中占有较大的比例。也有的研

究将重点放在双边贸易关系,如中美贸易(Shui and Harriss,2006;平新乔等,2006),日美贸易(Ackerman 等,2007)、日韩贸易(Rhee and Chung,2006)。对中国问题研究的典型代表如陈迎、潘家华、谢来辉(2008)同样以投入产出的能源分析方法为基础,进行了测算方法和模型的改进,加入进口活动中的中间产品的影响,对中国外贸进出口商品中的内涵能源进行了全面的测算。从科学性角度而言,投入产出法的思路严谨,具有很强的逻辑说服力,学者们的分析也相当的全面和深入,但考虑到一个十分实际的难题就是中国的投入产出表的编制的滞后性,使用早期的数据会给分析带来一定的误差。有的研究以企业为依据,把国内企业分为不同的类型通过加权得到"内涵能源"进出口比例,进而算出"内涵能源"进出口数量,该方法受限于企业数据的可获得性,实际操作难度较大。曹俊文(2009)在总结和归纳了前人所使用的测算方法的同时,提出了以《中国海关统计年鉴》工业细分行业数据为基础,根据工业行业分类标准(ISIC)和协调编码(HS)对照表,计算各行业出口产品能源强度 η(即具体行业每单位产值能耗),进而测算各行业出口贸易产品中"内涵能源"的消耗量。这一方法既克服了投入产出方法受时序数据限制的影响,同时也比较全面地反映了工业各部门出口产品中"内涵能源"的消费状况。进一步深入的研究者把测算细化到工业部门,如兰宜生、宁学敏(2010)采用投入产出分析方法,对 2005 年中国 22 个贸易产业部门的出口贸易与能源消耗进行了实证研究,他们认为:2005 年中国内涵能源净出口量为 5.79 亿吨标准煤,是内涵能源净出口大国。若保持过去 30 年 17.19% 的出口增速,按照 2005 年投入产出数值计算,到 2030 年中国净出口内涵能源将超出中国能源总产量的 8 倍。

(二)对外贸易结构对能源消费的影响

如沈利生(2007)认为通过改变出口产品、进口产品的结构实现节能,无疑提高了对外贸易的质量,这将对提高整体经济增长的质量和节能降耗起到促进作用,但从近年的中国发展趋势来看,对外贸易产品的结构(无论是出口产品结构还是进口产品结构)在趋坏,中国对外贸易结构变化不利于节能降耗。姚愉芳、齐舒畅和刘琪(2008)使用中国 2005 年非竞争型投入产出表,对出口、进口贸易与经济、就业、能源等关系的计算方法进行了探讨,并得出了相应的计算结果。2005 年国内产品与进口产品中间投入共同支撑了国内经济,若从外贸角度分析,出口贸易的能源消耗大于进口贸易的能源节约量,其差为 2.97 亿吨标准煤,得到出口贸易结构偏重,需调整的结论。

(三)进出口贸易的技术效应对能源消费效率的影响

屈小娥(2009)把对外贸易作为制度因素的代理变量加入模型,研究认为其对西部地区(除广西、重庆、四川外)大多数省份能源效率改进有一定的阻碍作用。高大伟、周德群(2010)认为国际贸易技术溢出可以促进一国的技术进步和全要素生产率的提高,进而能够通过技术进步提高能源效率。杨迎春(2011)利用 1995—2009 年中国省际面板数据对中国出口贸易与能源效率的关系进行了全面的实证研究,结论认为,出口贸易对非出口部门的直接技术溢出效应明显改善中国整体能源效率,人力资本对出口贸易改善能源效率起促进作用。进一步分区域进行研究得出,东、中、西部的出口部门对非出口部门的直接技术溢出效应对能源效率都有改善作用。

第四节 低碳经济对对外贸易影响问题的研究

低碳经济以及"碳排放"等话题的研究是能源问题在当前全球变暖的环境问题背景下出现的新矛盾,关于低碳经济的内涵,国内学者分别从不同角度进行阐述。庄贵阳(2005)从低碳经济的效用角度来描述低碳经济的内涵,认为"低碳经济"(low-carbon economy)是指依靠技术创新和政策措施,实施一场能源革命,建立一种较少排放温室气体的经济发展模式,从而减缓气候变化。低碳经济的实质是能源效率和清洁能源结构问题,核心是能源技术创新和制度创新,目标是减缓气候变化和促进人类的可持续发展。付允等人(2008)从低碳经济的发展途径角度来理解其内涵,认为低碳经济是一种绿色经济发展模式,它是以低能耗、低污染、低排放和高效能、高效率、高效益为基础,以低碳发展为发展方向,以节能减排为发展方式,以碳中和技术为发展方法的绿色经济发展模式。鲍健强等人(2008)从低碳经济的发展意义角度来解释其内涵，认为碳排放量成为衡量人类经济发展方式的新标识，碳减排的国际履约协议孕育了低碳经济，表面上看低碳经济是为减少温室气体排放所做努力的结果，但实质上，低碳经济是经济发展方式、能源消费方式、人类生活方式的一次新变革，它将全方位地改造建立在化石燃料(能源)基础之上的现代工业文明，转向生态经济和生态文明。基于这样的认识基础，近年来把这一新问题与贸易发展的关系放在一起讨论的文献逐渐增多。但是从根本上而言，"碳排放"的总量受能源消费总量和能源消费结构的影响。从对外贸易引发"碳排放"的测算问题上看，研究者将能源消费结构的影响弱化或者忽略，只能简单地引入碳排放系数和一个静态化的能源消费结构估算碳排放，故多数碳排放与出口贸易的关系只是原来能源消费与对外贸易关系问题的简单变换。例如刘强等(2008)利用全生命周期评价的方法对中国出口贸易中46种重点产品的载能量进行了计算，然后利用碳排放系数计算出碳排放量。魏本勇等(2009)基于投入产出法，测算了2002年中国进出口贸易中国家和部门的碳排放量等。李艳梅和付加锋(2010)采用投入产出分析方法，对1997年和2007年中国出口贸易中隐含碳排放量进行了核算，结果分别为290.61 Mt和940.69 Mt，占中国生产活动碳排放总量的比重分别为28.47%和45.53%。另一类研究的重点集中在低碳经济潮流的出现对全球对外贸易发展的影响上。主要的文献包括，杨迎春(2010)指出国际贸易活动以间接的方式影响着能源消耗以及碳排放的程度，各国在促进贸易发展与实现低碳经济的双重战略要求下，势必会引发新的贸易摩擦，WTO机制在双重目标的要求下陷入困境，如何实现世界低碳经济发展模式和减少贸易领域的摩擦是未来WTO和各国政府亟待研究的课题。王跃生和焦芳(2010)认为低碳经济成为21世纪世界经济发展的一个重要趋势，这一趋势对于全球化环境中的中国经济和贸易发展提出了严峻挑战。中国传统对外贸易发展模式中以货物贸易为主的贸易结构、过于偏重加工贸易的贸易方式、以中低端制成品为基础的产品结构和过分依赖少数发达国家的市场结构在全球低碳经济潮流中显得越来越难以持续。在低碳经济的挑战面前，中国对外贸易发展模式应向进一步发展一般贸易、加工贸易本地化、扶持中小企业自主创新与出口、寻求市场多元化特别是发展东亚区内贸易等方向转变。施用海(2011)研究认为低碳经济对国际贸易将带来深刻的影响,其主要影响方面为:随着低碳经济在全球的迅速兴起,国际贸易格局将进行重大调整;低碳经济创新碳金融,进一步拓展国际服务贸易内涵;低碳经济将催生新一轮技术革命,促进国际技术贸易和技术转让的竞争与合作态势;与低碳经济相关的单边贸易措施与多边贸易规则的潜在冲突,可能成为新贸易壁垒。

第五节 能源价格对出口贸易发展影响的研究

一、能源价格对出口贸易发展影响问题的研究

国内外关于能源价格与出口贸易之间关系探讨的文献近年来也逐渐增加。可将其归纳为以下几个研究重点:①能源价格与出口贸易二者之间的相互因果关系的分析。如韩民春和樊琦(2007)对国际原油价格波动与我国工业制成品出口之间的相关关系进行了实证研究,运用出口增长率等经济指标进行相关性分析和 Granger 因果检验,分析认为近年来国际原油价格的波动给中国制造业出口造成了直接影响。胡光辉、孟艳莉和张玉柯(2013)采用季度数据对国际原油价格与我国对外贸易的关联性进行了研究,认为国际石油价格与中国出口贸易额之间存在长期均衡关系,国际石油价格对中国出口贸易额因果关系十分明显,且存在对称性。②能源价格影响出口贸易发展机理的探索。代表性的文献包括:João Ricardo 和 André Varella(2007)从石油价格上涨与中国总出口额持续上升并存这个现象出发,将技术进步作为外生变量,建立了一个包含劳动力市场、货币市场、商品出口市场的开放性一般均衡分析框架,试图解释这一现象,最后得出技术进步是问题根源。Faria 等(2009) 从油价上涨与中国出口总额扩大这一违背常理的现象出发,将技术进步作为外

生变量,认为中国劳动力供给过剩导致油价上涨时,中国出口竞争优势不降反升。③能源价格影响出口贸易发展的定量分析。例如胡宗义、蔡文彬和陈浩(2008)将能源替代模块和能源强度指标纳入中国 CGE 模型——MCHUGE模型,研究提高能源价格对能源强度和经济增长的影响,结果表明提高能源价格导致出口下降,并模拟了能源价格提高一定的幅度,出口相应的下降幅度。Renata Korsakienė、Manuela Tvaronaviienė 和 Rasa Smaliukienė(2014)对立陶宛的能源价格变动引发的工业部门的发展和出口影响做了系统的分析,基于 2000—2011 年的数据分析认为,能源价格的上涨对其工业部门的发展和出口影响甚微,二者之间的相关性并不明显。④从能源价格影响出口贸易结构的视角出发的研究。陈刚和余燕春(2008)在定义能源约束量化指标的基础上,建立了能源价格约束对出口贸易结构影响的动态计量模型,结果表明短期内,能源约束通过直接的价格冲击和间接的生产要素转移,带动贸易结构的优化;从长期看,能源约束对出口贸易结构的调整方向具有不确定性。江静和路瑶(2010)基于 ISIC 的分析表明,能源价格的提高对除了炼焦和精炼石油制品以外的其他几乎所有行业出口竞争力带来负面影响,且影响幅度存在差异,一定程度上冲击了中国出口结构。邵朝对(2012)利用与进出口价格相关联的投入产出模型,计算模拟了国际能源价格冲击对中国贸易结构的传递效应,研究认为能源价格冲击恶化了出口结构,长期而言对我国贸易结构调整起到一定的阻碍作用。这类分析还都局限于国内能源价格的影响,基本没有结合国内外能源相对价格波动来思考开放情形下的影响及对策。

二、能源价格中的补贴与税收对出口贸易的影响研究

关于中国能源补贴的研究非常有限,能源补贴机制与出口贸易结合起来研究的思路更是较少,一直都缺乏从出口能源补贴损失角度评价中国能源补贴政策绩效的研究。陈迎等(2008)用内涵能源测算方法对 2002 年中国能源补贴进行了检验,其研究针对中国所有行业的补贴总额,没有行业分布的测算数据。林伯强等(2009)计算中国能源补贴总量,用价差法测算出了中国出口产品的能源补贴载量。周勤、赵静和盛巧燕(2011)研究了中国能源补贴政策

对提高中国出口产品竞争力的作用机理,并对出口产品能源补贴载量进行实证分析。他们认为,中国能源补贴政策经历了能源要素的政策性低价、价格黏性和权衡产品竞争力与贸易条件三个阶段。能源要素价值低估成为提高中国出口产品竞争优势的重要因素之一。实证结果表明:中国是一个能源出口大国,出口结构中多以高能耗产品为主,全部能源补贴中约有10%通过出口产品净补贴给国外消费者,呈现出巨大外贸顺差和严重生态逆差并存的悖论。Ravi,Hamid 和 Ralph(1998)的研究认为,用于国际贸易活动的交通运输是能源密集型的行业,所以国际贸易活动间接地成为环境污染源,而能源税的引入可以更好地协调国际贸易与环境污染的关系,可以比自由贸易条件下增加世界范围的社会福利,特别是对进口产品征收能源税对小国可能是最优的。张为付、潘颖(2007)从世界福利的角度,构建了一个开放经济条件下能源税对国际贸易与环境污染影响的数学解析模型,分析了在征收能源税情况下世界出口国、进口国和能源国的国际贸易与环境污染问题。结果表明,在考虑国际贸易所带来的环境污染影响全球经济福利情况下,世界范围内存在一个最优的能源税税率,按这一税率征收环境污染税可以提高全球经济福利,也可改善因国际贸易而造成的全球环境恶化的现状。姚东旭(2010)年的研究指出提高资源税会影响资源类商品自身的出口,但影响有限,且从长远看,以提高资源税的方式限制资源出口利大于弊。另外,提高资源税确实会提升下游产品的制造成本,降低下游产品的出口竞争力,然而这种负面影响并非不可克服。

本章小结

总体来看,关于能源与出口贸易发展之间关系的研究都是和当时的国际国内的能源环境紧密联系的,具有很强的现实针对性。研究者多从国家的宏观视角出发探讨二者的相互关系和影响机理,但目前还没有全面地将一国的能源价格与出口贸易发展系统地结合起来进行研究的前例。现有的研究主要集中在封闭情形下,思考国内能源价格对一国出口贸易的影响,未能结合国内、国际能源价格差异化波动来思考,这使分析结果具有局限性。当前国际、国内能源环境不断发生变化,引发新的能源价格机制的改革诉求。本研究力图在前人研究的基础上进一步深化研究,基于中国国内外能源价格差异存在的客观前提,建立国内外能源相对价格和出口贸易发展之间关系的研究框架,以期协调当前能源价格机制改革与中国出口贸易发展战略目标的实现,在进行能源价格机制的改革的同时,保证实现中国对外贸易平稳地、可持续地发展。

<table>
<tr><td>第
三
章</td><td></td></tr>
</table>

国别能源价格机制选择差异的理论分析

一国的经济政策的理性选择都是结合其自身的国情和经济发展阶段的产物。正如其他的经济政策的选择一样,不同的国家在能源价格机制的选择上也有着很大的差异,既表现在价格形成上的不同,也表现在价格调整的方式,以及税收、补贴等政策实施上的不同。但是一国的能源价格机制的选择并不是一个偶然随机的过程,而是具有内在的逻辑的。以下我们从能源价格机制本身的特殊性分析开始,分别基于战略性贸易政策理论的视角和国民的公共诉求差异对政策影响的视角进行理论分析,探求国别能源价格机制选择差异的理论根源及其对贸易发展的影响。

第一节 相关研究概念的界定

能源问题的复杂性极易产生概念理解上的误差,以下将首先结合本书的研究目的,对书中涉及的相关概念逐一加以界定。

一、"能源"概念的界定

能源的定义,目前约有 20 种。代表性的包括:《科学技术百科全书》表述为:"能源是可从其获得热、光和动力之类能量的资源";《大英百科全书》定义为:"能源是一个包括着所有燃料、流水、阳光和风的术语,人类用适当的转换手段便可让它为自己提供所需的能量";《日本大百科全书》则认为:"在各种生产活动中,我们利用热能、机械能、光能、电能等来作功,可利用来作为这些能量源泉的自然界中的各种载体,称为能源";中国的《能源百科全书》中解释为:"能源是可以直接或经转换提供人类所需的光、热、动力等任一形式能量的载能体资源。"可见,能源是一种呈多种形式的,且可以相互转换的能量的源泉。确切而简单地说,能源是自然界中能为人类提供某种形式能量的物质资源。是可产生各种能量(如热量、电能、光能和机械能等)或可做功的物质的统称。是能够直接取得或者通过加工、转换而取得有用能的各种资源,包括煤炭、原油、天然气、煤层气、水能、核能、风能、太阳能、地热能、生物质能等一次能源和电力、热力、成品油等二次能源,以及其他新能源和可再生能源。中国的能源消费品种包含甚广,由于其中煤炭、电力(火力发电)、石油、天然气在工业生产中占据了绝对主要的比例,尽管近年来,核能、风能、太阳能等新能源的利用比例逐步提高,但其中大部分也是以电能的形式被利用,故笔者将"能源"的研究对象界定为对煤炭、电力、石油、天然气几个主要能源消费品种的研究。

二、"能源价格机制"概念的界定

广义的"能源价格机制"包含了很多的内容,包括:各类能源品种的价格形成机制、价格调节机制、价格控制机制、能源价格调节收税、补贴等工具的设计与应用等。其范围广而杂,鉴于本书的研究目标在于探讨国内外能源价格差异与出口贸易发展之间的问题,我们关注的重点在于国内外能源价格不同机制下能源价格的形成特点,进而研究其对生产活动中能源要素成本的影响,因此本书将"能源价格机制"界定为一切影响能源要素成本形成的机制,即指对作为生产要素形式的能源的价格形成机制、控制机制,以及税收、补贴等工具对能源要素成本的影响和调节机制。

三、"能源价格"概念的界定

本书对能源价格机制的研究,旨在分析当前中国能源要素价格形成中存在的问题,进而探讨其对中国出口贸易发展的影响。基于本书的研究目标,本书的"能源价格"是研究国内外能源相对价格与出口贸易问题关系的核心变量,主要分析的是作为生产要素形态的能源价格。结合对"能源"的界定,本书将"能源价格"界定为对煤炭、电力、石油、天然气几个主要能源消费品种的价格研究。由于能源的多样性,价格变化频繁以及国际统计口径的差异等因素,使能源价格数据的可获得性和科学性都受到一定的影响,这制约了对能源价格问题的深入探讨,使我们无法就某种能源的价格来"以偏概全"地代替能源价格,故后文中对国内外能源价格差异与出口贸易问题关系的研究以及中国能源价格对出口贸易影响的研究,将尽量进行合理的数据处理,采用一个相对科学的指标价格来代替,它将表示的是一个"综合的能源价格",衡量中国能源价格的一般水平。而能源价格的统计采用能源要素在生产投入时的成本价格,即价格的构成中考虑了税费和补贴的因素。

四、"能源税"与"能源补贴"概念的界定

按照《IPCC 第三次评估报告》术语表中的表述,能源税就是向能源消费者征收的与能源使用有关的税。在具体征收过程中,它主要是对化石燃料中的能源征税。其作用机理是:通过征收能源税,推动高能耗(主要是化石燃料)产品和对环境有害产品(dirty goods)的价格上涨,从而引起此类产品的消费量下降,最终起到抑制化石能源消费的目的,进而还能达到减少二氧化碳排放的目的(韩凤芹等,2008)。在实际应用中包括了增值税、消费税、污染税和碳税等多种形式,而且税率一般也因能源种类不同而不同。关于能源税的分类,国外一般有两种:一种是能源消费税,包括针对交通燃料以及其他能源原料所征收的基本税;另一种是针对能源消费过程中排放的污染物而征收的环境税,比如碳税和硫税等等(王文文,2009)。鉴于本书的研究目的,书中所指的能源税是那些对能源价格和能源要素成本的形成有影响的一切税收形式。

学者们普遍认为:补贴是经济资源在市场参与者之间的转移活动,这种转移会影响到产品价格或生产成本。到目前为止,学术界的研究中没有给出能源补贴的标准定义,这是由于能源补贴机制本身的复杂性和多样性所致。WTO 补贴与反补贴协定的定义是:补贴是一个政府或公共机构提供的带有利益的财政捐款,它属于狭义的能源补贴范畴,即政府直接将现金支付给能源

生产者和消费者(周勤等,2011)。同样鉴于本书的研究目的和思路,与李虹(2011)和周勤等(2011)一样,采用 OECD 和 IEA 广义的能源补贴定义,即所有能够提高能源投入、降低能源生产成本和降低能源消费价格的政府行为都是能源补贴行为(OECD,1998;IEA,1999)。

第二节　能源价格机制的特殊性

　　正如前文所述,能源要素本身具有作为生产要素的基本属性,但是与其他生产要素不同的是,能源自身具有多种特有的要素属性,因而在其价格形成和管理机制中表现出许多特殊性。

　　首先,与一般的竞争性的生产要素相比,能源由于其生产和消费的规模一般较大,行业的规模经济的特征相当明显。在完全自由的市场竞争下,其极易形成行业的垄断,尤其是在一些发展中国家,市场机制尚不完善,政府对能源领域市场化控制和管理能力有限,协调好能源价格控制与经济发展之间的矛盾相当的困难,而鉴于其作为生产活动的基本要素,具有不可替代性,最终一般都是被迫采用了垄断化的管理模式。相对而言,发达国家的市场竞争比较充分,市场主体较多,但是能源的生产在市场上仍极易形成垄断化的状态。

　　其次,能源价格的形成相比其他要素具有复杂性的特点,从一次能源的开采成本开始,中间环节的运输、传送成本等都直接影响终端能源的定价。以煤电的定价为例,其受到影响的因素和环节较多,如煤炭价格的高低、电网运行的复杂性和配送的成本等,定价问题不是简单的一个市场化过程。而由于每个环节的主体的利益不同,使定价过程变成一个需要协调多方利益分配的博弈过程,正是由于这些原因的存在,使电力的定价过程的复杂性增加,在一个市场机制不完善的国家,极易形成行业定价的混乱和不合理,最终影响到经济活动的正常运行和国民生活的日常需要。政府行政力量的监督和管理因此显得十分必要。

再次，能源的生产、消费过程都会导致环境污染、二氧化碳排放等直接的环境外部性问题，尤其是全球能源消费品种对化石能源严重依赖的背景下，煤炭、石油、天然气等消费都是造成环境污染和二氧化碳排放的主要力量。伴随着世界经济日益改善，环境却日益恶化，发达国家首先提出了这一严峻的问题，使如今在全球范围内对环境问题的重视日益提高。单纯的市场机制在处理能源消费产生的外部性问题上是处于失灵状态的，因此，政府的能源税收和补贴政策被引进来加以调节，以保证对环境问题的保护和控制。

最后，也是最重要的特征，能源要素作为影响一国经济命脉的基础性要素，能源价格关联到商品价格形成的生产成本、流通费用及消费成本的高低，其不仅对本国的居民基本生活稳定有巨大的影响，对国家层面的经济发展战略、产业竞争战略、贸易优势的构建等都有直接影响，因而其价格的形成和调控本身具有国家层面的战略意义。

如果不考虑能源行业的这些特性而单纯由市场机制形成能源价格，那这一价格就不能完整反映供给—消费成本（郭海涛，2008），其垄断性和价格形成的复杂性决定了市场调节往往实际上是处于低效状态的，政府要为价格的形成培育竞争的市场坏境，在政府和市场的共同作用下，形成相对公平和真实反映供给—消费成本的能源价格，而能源生产和消费产生的外部性问题则是市场失灵的表现，自然需要政府的政策干预和调节；另外，能源产业的自身战略性影响也决定了能源价格的形成不是一个完全的市场过程，政府参与和干预是一种策略性选择，旨在获取经济的稳定发展和竞争优势。

由上述的分析可以看出，一国能源价格机制因为能源本身的属性问题，政府政策的干预控制和管理调节是个必然的选择。围绕本书研究的中心，我们研究一国能源价格机制选择主要是从贸易发展战略的视角出发。一方面，能源作为一种特殊的生产要素，其价格直接影响到贸易商品的价格和竞争力，故易被用作国家间的贸易竞争策略。另一方面，不同国家的经济发展存在差异，处于不同的发展阶段，国民对政府政策的诉求是不一样的，政府能源价格机制的战略目标取向因而不同，其对出口贸易的政策影响也因而不同。以下分别基于战略性贸易政策视角和国民对公共政策诉求差异的视角对国别能源价格机制的选择差异及其对贸易发展产生的不同影响进行理论分析。

第三节　国别能源价格机制选择差异与出口贸易优势形成
——基于战略性贸易政策视角的理论分析

　　传统的贸易理论都是基于完全市场的假设前提来研究国家之间的贸易关系和优势形成的,这一理论的解释力量随着二战以后的产业内贸易、公司内贸易以及要素跨国流动规模的不断扩大而逐渐显现出不足。正是在这样的背景下,Brander 和 Spencer(1982)提出了战略性贸易理论的概念,将现实中的贸易现象基于不完全竞争的市场条件来思考,继而以赫尔普曼(Helpman)、克鲁格曼(Krugman)为代表的经济学家将这一理论进行了拓展与发扬。

　　所谓"战略性贸易政策"是指在不完全竞争和规模收益递增条件下,自由贸易未必是最优的,适度的政府干预是必要的,能够加速构建本国的竞争优势。通过改善市场运行结果来实现非竞争条件下的本国经济福利最大化,通过战略关税、政府补贴、优惠税收、非关税壁垒等政策内容的实施,实现"以进口保护促进出口"。

　　国外学者主要从补贴的角度探讨战略性贸易政策实施的效果。Bagwell 和 Staigen (2000)将产品成本减少的不确定性引入到 Spencer-Brander 研发补贴模型中,证明了研发补贴的最优性与产场竞争的战略变量选择;Colliea 和 Mezab (2003)指出低成本国家给予企业的出口补贴的绝对值比高成本国家所给予企业的要多;其他学者如 Grossman 和 Helpman (1994)、Lee (2005)分别从战略性贸易政策与战略联盟、委托竞争、公司所有权结构以及垂直整合等角度进行论证,极大地丰富了战略性贸易政策理论的内容(孟祺,2011)。

　　与战略性贸易政策的核心原理类似的,Barrett 与 Ulph(2003)等人提出了策略性环境政策概念,通过理论推导与实证研究认为,在一定的条件下政府有动机通过降低环境标准给予出口企业以补贴,形成本国在出口贸易上的优势。同样的思路下,本书要考虑的是政府采用不同的能源价格机制是否会对本国的出口造成影响。接下来我们以 Brander 和 Spencer(1985)的模型为基础,借鉴(何欢浪,岳咬兴,2009)的思路和分析框架,从战略性贸易政策的视角来看不同国家政府在能源价格机制选择上存在差异的根源。

一、模型构建与分析

为了问题分析的简单化,假设有两个企业分别位于两个国家,生产同一种产品,所有的产品都销售到第三个国家,两个企业进行数量竞争。模型是一个两阶段的博弈结构,在第一阶段,政府决定本国的能源价格机制,征收能源税或进行能源价格补贴;在第二阶段,企业在第三国市场进行数量竞争。

在第三国市场上该产品的需求函数为 $p=A-q_1-q_2$,其中 p 为市场价格,q_1 和 q_2 分别是国内企业和国外企业的产量。同时进一步假设两企业的边际生产成本都是常数 c。鉴于本书的研究目的,我们将能源消耗问题加入进来,能源消耗是伴随着生产活动的进行而产生,此处同样为分析的需要,在不影响研究结论的前提下,把能源消耗量与企业产量之间的关系简单化,假设其呈线性关系,即 $E_i=rq_i$。假设企业在考虑能源消耗约束的情形下,都可以通过两个途径减少能源要素的投入:或者是减少企业的总产量,或者是企业进行节能设备和节能技术的投入。

同样地,假设企业总的能源节约量是 $A_i=a_iq_i$,$0<a_i<1$,a_i 是单位能源节约量,a_i 越高,代表企业节能水平越高。一般地,我们有 $r>a$,即企业不可能完全不需要能源投入进行生产。节能设备的投资是需要成本的,假设企业总的节能成本是 $CA_i=ka_iq_i$,k 是节能的技术因素。k 越低,代表企业的节能技术水平越高。

考虑政府的能源价格机制,假设只有本国政府实施策略性能源价格政策,外国政府只使用能源税,其税率是 T;本国政府使用能源价格补贴政策,补贴率为 s。能源税税率越高,代表一个国家的能源成本越高;补贴率越高,代表一个国家的能源成本越低。外国企业的成本函数为 $C_2 = cq_2 + kaq_2 + T(rq_2 - aq_2)$。本国企业成本函数为 $C_1 = cq_1 + (k-s)aq_1$。首先来考虑均衡条件下的情况,写出两个企业的利润函数如下:

$$\max_{q_1} \pi_1 = (A - q_1 - q_2)q_1 - cq_1 - (k-s)aq_1$$

$$\max_{q_2} \pi_2 = (A - q_1 - q_2)q_2 - cq_2 - kaq_2 - T(rq_2 - aq)$$

依据利润最大化条件,我们得到两个均衡产量分别为:

$$q_1 = \frac{A - c - (k-s)a + T(r-a)}{3} \tag{3.1}$$

$$q_2 = \frac{A - c - (k+s)a - 2T(r-a)}{3} \tag{3.2}$$

由 $q_1 = f(s, T)$,$q_2 = F(s, T)$ 两个式子可以看出,企业的产量都是关于税率和补贴率的函数,进一步地分别对其求导可得:

$$\frac{\partial q_1}{\partial s} = f_s = \frac{a}{3} > 0 \tag{3.3}$$

$$\frac{\partial q_2}{\partial s} = F_s = -\frac{a}{3} < 0 \tag{3.4}$$

$$\frac{\partial q_1}{\partial T} = f_T = \frac{r-a}{3} > 0 \tag{3.5}$$

$$\frac{\partial q_2}{\partial T} = f_T = -\frac{2(r-a)}{3} < 0 \tag{3.6}$$

二、分析结论

根据上述的推导,可得到如下命题:

在数量竞争模式下,不考虑其他因素的影响,一方面,本国政府在能源价格机制管理上采取价格管制,进而进行价格补贴的政策将使得本国企业的出口量增加,外国企业的出口量减少。另一方面,外国政府的能源税政策将使其出口竞争力降低,减少其出口量,本国出口量增加。

发展中国家的贸易发展是在技术水平落后,资本严重缺乏的基础上进行的,在与技术水平、资本丰富的发达国家的国际竞争中完全处于劣势地位,通常它们处于经济发展的初级阶段,在内需不足的情况下,对外部市场的依赖显得十分突出,但是如何在技术优势不明显的情况下,继续维持相对优势的出口贸易发展,其对能源价格进行管制便成为一种策略性选择。

这一结论也从根源上解释了不同国家在能源价格机制选择上为什么存在差异,由于不同经济发展阶段国家的贸易发展优势积累不同,发展中国家与发达国家在促进出口贸易发展时,前者在资本和技术上处于劣势,无法获得产品的国际竞争力,转而寻求能源要素的“优势”,采取能源价格控制手段以降低要素的投入成本,获取相对于发达国家的比较优势。发达国家则在这一问题上表现出相反的态度,其将发展重点集中于依靠资本和技术优势改进能源使用效率,从而实现能源要素投入成本的降低,无须在价格机制上进行政策干预,同时为降低出口贸易发展形成的能源消耗和碳排放增加等负外部性,而会增加能源消费的税收负担。归根到底,二者在能源价格机制选择上的差异源于国家发展阶段的差异。

第四节　国别能源价格机制选择差异与能源密集型产品出口
——基于国民公共诉求视角的理论分析

随着全球气候变化问题的日益升温,煤炭、石油等能源的短缺、供需矛盾日益突出,“节能减排”受到世界各国空前的重视,“低碳经济”成为当前各国共同的发展战略。不难看出,眼下全球关于气候变化问题的争论、谈判的本质就是能源问题。能源本身的特殊性质决定了其既影响到全球可持续发展及“碳排放”等环境保护问题,同时它又是经济活动的基础生产要素。能源政策直接影响到要素成本,继而对一国经济发展有着重要的影响,使其在某种程度上成为各国干预经济,影响国家间在贸易领域比较优势的一种手段。

Monika Tothova(2009)的研究指出国民公共诉求是导致法规制度发生变革的根源,相应地,它也是一国能源价格机制取向的直接影响因素。马斯洛经典的需求层次理论,揭示了不同的经济发展水平下,社会的诉求和经济利益的追求价值取向的不同,不同国家为了维护自身的权利,形成了差异化的政策取向。"经济发展权"是一项不可剥夺的人权,根据该权利,每个人和所有民族对于经济、社会、文化、政治的发展都有权参与、享受并为之作出贡献(邓敏贞,2008)。发展中国家的经济发展水平处于落后状态,社会生产技术水平落后,国民的人均收入低,基本生活保障不足。这一情形下,政府政策取向自然是以维护其经济发展权利为第一要务。伴随着世界经济的发展,部分发达国家在本国国民基本经济权利得到保障的情形下,于 20 世纪六七十年代提出"环境权"的诉求,最早如德国、日本、美国。环境权产生的根本原因是工业革命以来产生的日益严重的环境污染与生态破坏导致自然资源的日益稀缺,人们生存与发展所需要的自然环境条件日益得不到保障,从而产生协调资源在开发利益中不同用途之间的合理分工与分配的权利需求(邓敏贞,2008)。发展中国家与发达国家的经济发展水平的差异使本国国民的政策诉求存在着根本的不同,一国政府在能源价格机制的选择上自然是以满足国民利益最大化为终极目标,自然会有差异化的选择。本书接下来首先从国民诉求的视角,通过建立一个政府能源价格机制取向选择的理论模型进行分析。

一、基本模型

借鉴 Copeland 和 Taylor(2003)的做法,假设在一个具有人口 N 的国家里生产能源密集型产品 X,为简化分析,生产要素投入只包括 E 能源和 L 劳动力,产品的国内价格为 P,国际价格为 P^f,由于国家禀赋的差异和贸易壁垒的存在,本国的价格与国际价格不会一致,一般的情形为:

$$P = \beta P^f \tag{3.7}$$

其中 β 衡量了导致价格国内与国际差异的各种因素,当 $\beta < 1$ 时,视为本国的 X 产品上具有出口比较优势,属于出口品。

进一步看出口活动对能源消耗(或碳排放)的影响,为问题分析的简化,我们把能源消费和"碳排放"视为一个问题,在当前世界上能源的消费以化石能源为主的背景下,能源结构调整具有滞后性,这个处理是合理且可接受的。出口规模为 Y 时,能源消耗为 z,二者之间的关系可简单表述为:

$$z = e \cdot Y(c^E) \tag{3.8}$$

式中,e 为节能减排技术水平,Y 为 X 产品的出口规模,c^E 为能源成本,依据零利润条件和 H-O 定理一般性的结论,能源投入成本降低,则产品价格 P 下降,密集使用这种要素的产品获得出口比较优势,出口增长,即 $\frac{\partial Y}{\partial c^E} < 0$,不考虑能源投入成本对技术的影响,易得:$\frac{\partial z}{\partial c^E} < 0$。

考察能源成本的构成,不影响分析结论的前提下,直接简化处理认为其主要包括能源价格成本(p^E)和能源税(t^E)两部分:

$$c^E = p^E + t^E \tag{3.9}$$

能源因其本身的特殊性,各国的能源价格和税收管理上都具有一定的政策主导特色,故上述分析可简单表述为:一国的能源成本主要取决于能源价格机制的取向 τ,能源价格机制的选择差异进一步会导致能源密集型产品的出口及其引致的能源消耗(碳排放)不同。

为探寻不同国家能源价格机制选择差异的根源,我们的分析首先引入一个消费偏好异质性的假设,国民对待"节能减排"的偏好是有差异的,将整个社会分为两个群体:N^g 对"节能减排"特别关注的绿色消费者(greens)和 $N^n = N - N^g$ 普通消费者(normals)。每一个消费者最大化自己效用,为简单起见,我们写出这两种不同群体消费者的间接效用函数如下:

$$V^g(p, G/N, z) = u\left[\frac{\dfrac{G}{N}}{\rho(p)}\right] - \delta(z/N) \tag{3.10}$$

$$V^n(p, G/N, z) = u\left(\frac{\dfrac{G}{N}}{\rho(p)}\right) \tag{3.11}$$

G 表示国民收入，$\rho(p)$ 表示价格指数，$\dfrac{G/N}{\rho(p)}$ 即为真实人均国民收入。u 是递增且拟凹的，δ 为人均能源消费（碳排放）的一个简单的线性效用函数。假设 N^g 所占社会比例为 λ，则 N^n 为 $1-\lambda$。同时根据马斯洛需求层次理论的基础，我们不难确定 λ 与 $\dfrac{G/N}{\rho(p)}$ 的关系，即随着 $\dfrac{G/N}{\rho(p)}$ 的增大，λ 也随之增大，这是由于当国民的收入水平达到一定的水平时，人们会更加关注"节能减排"的长远问题。

现在我们建立一个简单的政府能源政策决策过程的模型：

$$\max_{\tau} N\left[\lambda V^g + (1-\lambda)V^n\right] \tag{3.12}$$

由于出口规模 Y 作为国民收入的一部分，和 G 为线性关系；(3.8)式表明其与能源消耗 z 之间也是线性关系，不考虑其他的影响，则(3.12)式可表示为：

$$\max_{\tau} N\left[u\left(\frac{Y/N}{\rho(p)}\right) - \lambda\delta(e \cdot Y/N)\right] \tag{3.13}$$

二、静态分析

依据前文的分析，为更加直观地理解一国能源价格机制选择的取向，建立一个包含上述主要变量的关系图如图 3.1 所示。

不考虑收入的微弱变化对 λ 的影响，不难看出，由于 u 随 Y 的增长而增加，和劳动与闲暇关系的假设一样，随着 Y 的增长，其带来效用的边际增长率不断下降，而 δ 随着 Y 而线性变化，不考虑其他变化的影响，易得 A 点为政策的最优均衡点，在此点的能源政策的选择对整个社会的效用最大，Y 处于 A 点左边部分，则促进能源密集型产品 X 的出口有利于社会总效用的提高，相应地，若处于 A 点右边，则能源价格机制的取向应为抑制能源密集型产品的出口和消费，以提高本国国民的总效用。由于发达国家与发展中国家在经济发展上存在巨大的差距，故对待能源密集型产品的出口问题，表现出不同的能源政策取向。

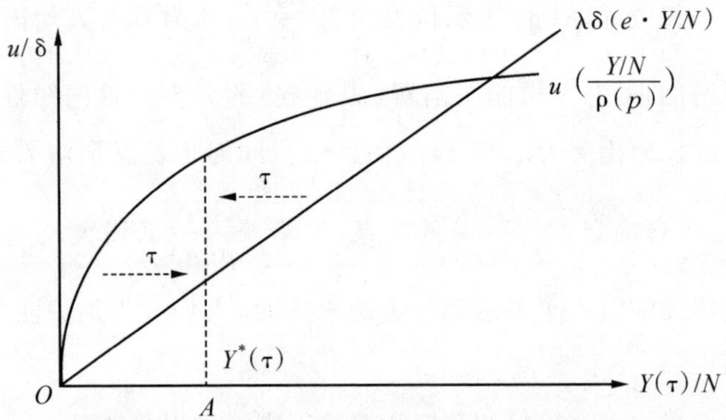

图 3.1　一国能源政策选择取向的静态最优点

命题 1　发达国家的人均国民收入已达到一定的水平,其出口能源密集型产品带来的收入效应小于由于能源消耗(碳排放)带来的负效应,故其能源价格机制的选择取向表现出抑制能源消费(碳排放)为主,最终不利于能源密集型产品的出口。

命题 2　发展中国家由于其处于经济发展初级阶段,出口能源密集型产品带来的收入效应大于由于能源消耗(碳排放)带来的负效应,故其能源价格机制的选择表现出促进能源密集型产品的出口增长的取向。

三、动态分析

放松不考虑收入的微弱变化对 λ 的影响的假设,当收入水平增长较高时,达到一个拐点,λ 随之变大,则出现图 3.2 的动态情形,能源价格机制的取向的最优点左移至 B 点,让这种情形动态地演进,我们发现 λ 达到最大的比例 1 时,最终的最优点动态地渐进到 O 点,此时,全民重视"节能减排",各国的能源政策均抑制出口能源密集型产品以带动经济增长。所以不难得出一般性结论:

命题 3　当一国经济地位得到提升会导致本国国民的目标诉求发生变化,其能源价格机制的选择取向会内生地逆转,促进发展中国家"节能减排"以维护全球长远可持续发展利益的根本方法是促进其经济的发展,提升其人均国民收入水平。

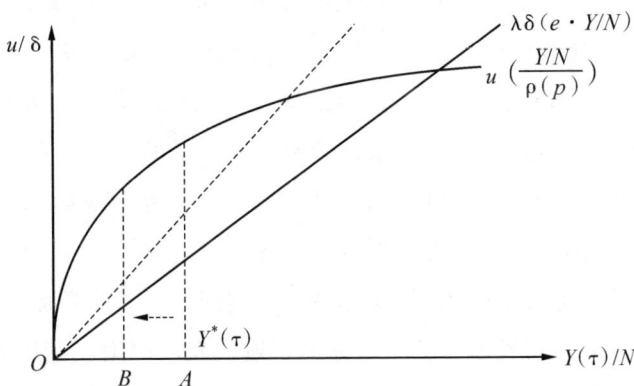

图 3.2　一国能源政策选择取向的动态最优点

发展中国家在其国民人均收入水平较低的情况下,在出口能源密集型产品与"节能减排"的两难选择中,自然更倾向于满足国民增加收入的基本诉求。随着贸易的发展与经济的增长,其国民的诉求会内生地发生变化,最终能源价格机制的取向会转向可持续发展。发达国家对发展中国家采取类似"碳关税"的措施以限制发展中国家能源密集型产品的出口,是一种不公平的贸易竞争手段,短期内会使发展中国家的经济发展受到约束,从长远来看,也不利于全球的"节能减排"与可持续发展。

四、结论及启示

首先,国别诉求差异是贸易摩擦生成的真正根源。

在任何一个时期,任何一个经济发展模式下,只要有贸易活动存在,摩擦从未消失,造成摩擦背后的核心动因是各国在贸易问题上经济利益最大化的追逐与其相互之间经济发展水平及社会需求层次的差异存在的矛盾。马斯洛经典的需求层次理论,揭示了不同的经济发展水平下,社会的诉求和经济利益的追求价值取向的不同。发展中国家与发达国家的经济发展水平的差异使各自国民的政策诉求存在着根本的不同,一国政府在能源政策的选择上自然是以满足国民利益最大化为终极目标,如此则使贸易领域的能源密集型产品出口优势不同,只要国际经济发展水平导致的国民诉求存在差异的现象没得到解决,各国的能源政策的取向依然是以实现本国利益最大化为目标,贸易摩擦将随之产生。发展中国家的经济发展水平低,导致国民对出口发展的要求要胜于对"节能减排"的诉求,使国家在能源政策上趋于较"宽松"的约束,进而使本国能源密集型产品的出口具有了一定优势。发达国家因此而设置的贸易壁垒,违背了维护发展中国家经济发展权的国际原则,忽视了国家间的经济发展的阶段差异所造成的国民对经济发展与"节能减排"的目标诉求的不同,简单地将发达国家的意志强加于世界各国,对发展中国家的经济发展将产生致命的影响。发展中国家对待能源与环境问题的态度的关键所在是本国的经济实力是否得到了实质的提升,国民的经济发展利益是否已经得到很好的满足,能源政策会伴随着经济的发展内生地发生变动,以抑制能源密集型产品的出口扩大及其造成的能源消费(碳排放)的增长。

其次,发达国家对待"节能减排"与贸易发展问题的理性态度。

一个新的经济模式的变革对整个人类社会来说就意味着巨大的文明进步,发达国家率先发起的"节能减排"的浪潮能够着眼于全球福祉,抛却单纯的经济增长利益,思考人类社会发展面临的共同问题,是一个具有战略意义的举措。然而如何理性看待这个浪潮的到来,如何合理处理由于变革而引发的各类矛盾,是需要各国站在人类社会发展的战略高度共同思考的。作为当前世界经济代表的发达国家,要尊重发展中国家的经济发展权,只有各国经济的最终发展,才是实现全球"节能减排"的根本保障。发达国家应正视世界经济的现状,理性对待国别差异,在这一过程中应承担更多的义务,对发展中国家进行指导与援助,在贸易争议问题上给予保障和优惠政策,而不应成为更多矛盾的制造者,对待"节能减排"诉求与贸易发展问题的冲突应该是积极、友好合作处理的态度,实现全球"节能减排"与贸易公平发展的双赢才是各国共同努力的方向。采用"碳关税"等措施的贸易保护手段是一种看似合理,却违背了人类共同发展与进步的根本宗旨,将会成为进一步贸易摩擦生成的导火索。

最后,对发展中国家的启示及中国的应对措施。

　　发展中国家当前在采取相对"宽松的"的能源政策来支持本国经济的发展是一个相对合理的选择,也是本国政府满足本国国民经济发展权的一个理性选择。但是要在未来的发展中不受到发达国家在"节能减排"问题上的制约,加快实现经济的增长,提升本国国民收入水平是根本要求。随着发展中国家的经济发展,其国民的诉求会动态地发生变化,因而能源政策的取向选择也会随之变化,长期来看,实施"节能减排"的可持续发展是全球各国的共同目标。对当前中国的实际情况来说,人均的国民收入稳步提高,但能源供求的缺口正日益扩大,由于出口导致的"内涵能源"顺差是很重要的原因之一,改革和完善能源价格机制,对高能耗产品的生产和销售征收能源税已经被提上日程,未来是一个逐步"趋紧"的能源政策取向,能源密集型产品的出口政策优势将逐步被政策约束所替代是必然的趋势。政府要把握好政策变换的节奏,给予能源密集型产品出口企业适当的调整适应时间;对于企业来说,要对当前的国际国内经济发展模式及趋势的转变有清醒的认识,对未来中国能源政策的取向有理性的预期,做到适应新的能源政策环境的变化,加强节能技术研究与实行出口产品战略升级是当务之急。

本章小结

　　一国的能源价格机制的选择直接影响到其能源价格的高低,在能源价格调节和控制过程中能源补贴和税收政策的实施差异最终表现为能源要素成本的差异。从对国家之间贸易竞争的影响来看,战略性贸易政策理论同样适用于不同国家对能源价格机制的差异化选择的解释,不考虑其他因素的情形下,发展中国家通过在能源价格机制上运用策略性手段,易在出口上获得相对发达国家的比较优势。从维护国民"经济发展权"的角度来说,作为一个发展中国家,在自身经济发展地位还有待提升的情形下,通过对能源成本的控制来获取在出口贸易上的竞争优势既是合适的,也是必要的。进一步地就国民对政策取向的诉求差异而言,政府采取不同的能源价格管理手段是源于不同国家的发展阶段有差异,国民对政策取向的诉求因而不同。发展中国家经济落后,国家为保障自身的"经济发展权",能源价格机制的政策取向以保证经济发展为前提,在价格机制上体现为多采用价格管制的行政手段,对价格的调节多采用价格补贴的方式;发达国家经济发展水平较高,国民在物质较丰裕的背景下,对"环境权"的诉求较为强烈,政府在能源政策的取向上更多地关注能源消费对环境的影响的控制,"能源税"成为调节能源消费外部性的常用手段。动态的分析结论认为,解决国家之间"节能减排"冲突问题的根本在于促进发展中国家的经济发展,只有维护了发展中国家国民的"经济发展权利",一国才能在其自身收入水平得到保障的情况下,进行"节能减排"的投入;不同国家之间对于能源价格机制的差异化选择的根源在于其经济发展水平和阶段的不同。

<table>
<tr><td>第
四
章</td><td></td></tr>
</table>

中国能源价格机制演进及国内外能源价格比较

　　近年来,伴随着中国国内经济的发展和国际上对能源问题的空前关注,中国能源价格机制的有效性和合理性受到诸多的质疑,改革当前的能源价格机制的呼声越来越高,从现实经济发展与能源供求之间的矛盾来看,这一改革也将是必要的,同时是迫切的。回顾新中国成立以来的经济发展历程,能源价格机制也相应地经历了一次逐步由计划体制向市场体制转变的过程,任何一次改革都是适应当时经济发展需要的调整。我们必须结合当时特定的经济发展环境来审视能源价格体制的改革,鉴于本书研究的中心问题是出口贸易,我们主要从支持出口贸易发展的角度来探讨能源价格机制演进,以下将从中国的能源价格机制的演进评述开始,进一步地对现行的能源价格机制的特点加以剖析。最后结合前文的研究结论,我们将从支持出口贸易发展的动因视角来揭示中国能源价格机制演进的深层次原因,并对其演进历程的合理性加以评述。

第一节　中国能源价格形成机制的演进及现状

　　按照前文对研究对象的界定,以下将通过时间节点的划分,对中国能源消费中的主要能源品种煤炭、石油、电力和天然气的价格形成机制改革历程加以归纳总结,以期理清中国能源价格机制演进中的一般性规律。

一、中国煤炭价格形成机制的演进及现状

1949 年至 1979 年间,改革开放之前这段时期的煤炭价格形成机制与当时的计划经济体制一脉相承,煤炭的产供销体系全部置于国家的行政管理体系之中,国家对煤炭价格实行了严格的管制措施。一方面是当时经济发展水平和社会发展水平的客观需要;另一方面,是与国家整个计划经济体系相协调和适应的,这对于保证当时的经济建设和市场价格的稳定起到了积极的作用(夏学英,2011)。

1979 年至 1985 年间,中国的煤炭资源价格完全由国家统一制定价格,此举主要是为保证经济发展的能源供应,当时的能源价格完全背离正常的市场规律,一直维持在较低的水平,几乎为同期国际市场价格的 1/6 至 1/7 左右的水平。由于长期的价格控制导致煤炭企业的政策性亏损,直接影响到煤炭的正常供应。

1985 年至 2004 年间,随着经济发展对煤炭需求的日益增大,政府于 90 年代后期逐步尝试市场化定价。政府逐步采取了国家控制大部分煤价,小煤矿价格开始随行就市,煤矿超产煤和超能力煤允许加价,实行价格双轨制的做法,1993 年以后国家逐步放开煤价。需要注意的是,由于电力价格的管制,为缓解电力企业的生产成本压力,这一时期电煤仍然执行的是政府指导价,煤炭价格实际上放而未开(邢保平,2010)。

2004 年至今,国内的煤电矛盾升级,导致电厂的煤炭供应全面紧张,一方面,部分发电企业设备闲置,同时却出现大范围的“电荒”现象。国务院在面对这样的煤炭供需形势,开始尝试实行煤电价格联动机制,提出“电价调整后,电煤价格不分重点合同内外,均由供需双方协商确定”的措施,到 2007 年在机制设计上基本做到了放开电煤价格的控制,计划定价体制全面打破,将煤炭的定价权完全交给市场决定。但是实际的情况是由于能源问题对经济活动和国民生活的重要意义,一旦出现矛盾,政府的行政干预就难免会参与到价格的确定中来,致使真正意义上的相互协商确定煤炭价格的机制并未形成(张华新,2008)。

总结近 30 年来,中国煤炭价格变化的特点是:计划内与计划外的价格逐步趋同,价格相对稳定,电煤价格特别是重点电煤价格逐步实现向市场价格靠拢(邵懿博,2005)。从主要的几种能源消费品种来看,煤炭价格形成机制的改革一直走在前列,这主要是因为一方面其在中国能源消费结构中的重要地位,另一方面,煤炭与电力的相互矛盾使改革具有较大的现实推动力。目前,虽然中国已把煤炭价格形成推向市场化,但是相比于国外发达国家的做法,中国在煤电价格联动的有效性保障,能源开采与利用过程中的环境保护等方面都没有有效的协调机制。

二、中国电力价格形成机制的演进及现状

从电力这一能源的自身属性来看,其价格形成机制一定是复杂且充满了制度冲突的。回顾中国在电力价格形成机制上的努力,可以看到这一过程的艰难,同时又是符合当时国家发展的必要之举。

1949 年至 1979 年间,计划经济体制的特征在电力价格的形成上表现尤为突出,当时一方面工业生产活动对电力的需求快速增长,在发电能力有限的情况下,按照市场机制下的电力价格应该是一路飞涨,但是政府为保证生产和居民生活的需要,实施的是对电力价格的严格管制的定价方式,这一时期的电力价格几乎一直维持在低水平上,多年未发生大的变化。此举对电力企业自身的发展造成了巨大的打击,电力价格的管制使发电企业全面亏损,无法实施扩大再生产,进一步使电力供应出现紧张局面。

1979 年至 1984 年间,伴随着经济体制的改革,电力价格形成机制也相应地经历了 5 年电价结构性微调阶段,为了缓解日益恶化的电力供应对国民经济发展的"瓶颈"制约,提升发电企业的生产积极性,政府开始对电力价格进行了有限的结构性的微调,这一措施对盘活当时的电力企业,为其实施再生产活动起到了积极的作用。但是政府为保持对物价上涨的控制和保证工业生产的稳定性,当时的电力价格仍然被维持在一个相对较低的水平,并没有解决低电价、低效率、低速度的深层次问题。

1985 年至 1995 年这 10 年间,电力企业为低电价所承受的政策性亏损使

电力供应一直处于艰难维持的状态,全国范围内出现大规模缺电的现象。为解决这一尖锐的矛盾,政府一方面出台集资办电的措施,扩大电力供应;另一方面,继续推动电力价格机制改革,采取了电价决策主体多元化的做法,即由中央和地方分别定价,在国家原统配电价(指令性电价)的基础上,出台了非统配电量的指导性电价,地方政府有权制定地方投资建设分得电量的还本付息电价。此举对地方政府推动电厂建设起到了巨大的促进作用,有效地缓解了当时的电力供应不足的问题,形成了具有当时特色的"双轨制"电价。需要强调的是,从当时的电力供求来看,名义电价仍然被严格控制,严重背离实际价格。

1998 年至 2003 年间,国家鉴于当时的电力企业的重复建设现象,为控制电力企业的收益水平,适时调整电价政策,以"经营期电价"政策取代"还本付息电价"政策。2002 年,电力价格体制市场化改革步入实质性操作阶段,建设竞争性电力市场的改革试点也正在稳步推进。电价管理环节扩展为发、输、配、售四大环节,电力定价的利益主体由原来的电厂与消费者扩大为电厂、电网与消费者。在 2003 年 7 月,国务院发布了《电价改革方案》,最终用户面对的零售电价由国家发改委依据相关市场主体的会计成本通过审批的方式加以决定,政府根据不同消费者类型和电压等级而确定分类电价(邱天波,2007)。

随后持续的缺电延缓了电价形成机制改革的步伐,2008 年由于自然灾害的影响使电煤价格飙升,煤电矛盾进一步激化,但是政策层面对经济增长的担忧使电价形成机制改革的呼声虽高,对电价市场化的实际推动作用并不明显。简要总结来看,目前电力价格的形成仍由行政管制,虽然有一定的调整机制,但是从实践的效果来看,中国电力价格表现出极大的政策刚性特性。多年来一直维持在一个相对较低的水平。

三、中国石油价格形成机制演进及现状

中国石油定价机制的 50 年演进史是与经济体制改革紧密联系的。与煤炭与电力定价机制相似,在改革开放之前的几十年里,尽管国内的石油供给一直处于较低的水平,但是油价一直按照计划经济模式制定,受到政府的严格管

制,其间无论国际油价如何大幅波动,国内的油价始终保持在一个较低的水平,且多年不变。

1981 年至 1993 年间,由于经济体制改革的推进,其他行业的产品价格大都已经放开,但是由于石油作为工业的血液对国计民生的重大影响,石油产品仍由国家统一定价、定向销售。与此同时,用于石油生产所需的物资却只能以市场价格购入,给石油供应企业带来了很大的经营压力,这种局面最终导致石油工业发展缺乏后劲,并出现全行业亏损。国家迫于现实的压力,其间曾对原油价格作局部小幅度调整。

1994 年至 1998 年间,政府取消石油价格多轨制,实行计划内和计划外价格并轨,全部由国家统一定价,并把原油价格简单地划分为一、二档。1994 年5 月至 1996 年 12 月,国家对原油价格进行了 3 次调整,价格平均水平达到每吨 1 020 元。这一阶段的价格改革结束了中国长期存在的原油低价的历史,使油价逐步趋于合理,对促进石油工业的健康发展和石油资源的合理配置起到了积极作用(梁永乐,2006)。

从 1998 年 6 月 1 日起,国内的石油价格正式与国际油价接轨,开始实行新的价格机制和流通体制。当年出台的《原油成品油价格改革方案》规定:原油基准价由国家计委根据国际市场相近品质原油上月平均价格确定,汽油、柴油实行国家指导价——即国内汽油柴油价格与新加坡、鹿特丹和纽约三地市场价格挂钩,当三地市场平均价涨跌超过一定幅度时,由国家发改委制定公布零售准价,具体零售价由中石油中石化在规定幅度内上下浮动,浮动比例为 8%。

2008 年 12 月 19 日,国家出台并正式实施新的成品油价格形成机制。规定中国成品油价格实行与国际市场原油价格有控制地间接接轨,以一定时期内国际市场原油价格的平均水平为基础,加上国内平均加工成本、税金和适当利润确定。在加工成本和税金保持基本稳定的条件下,国内成品油价格随国际市场原油价格变化。当国际市场原油价格上涨超过 4% 时,国内成品油价格相应提高;当国际市场原油价格下降超过 4% 时,国内成品油价格相应降低。国家发改委规定国内成品油价格在短期内上涨时不上涨,而在国际油价下降时不降或少降。这一机制在使石油的价格形成逐渐实现与国际接轨,但是随着全球化进程的加快和能源供应形势的日益复杂,国际石油市场价格波动频繁且复杂,现行的价格形成机制带来的弊端越来越大。

四、天然气价格形成机制的演进与现状

天然气在中国能源消费结构中的比例一直较小,但是近年来相对于其他能源品种,其消费比例日益提高。改革开放之前,一方面由于中国天然气产量小,另一方面由于经济体制的原因,当时的价格也是简单的政府定价机制。进入 20 世纪 90 年代后,为实现能源结构优化,鼓励扩大天然气的应用,缓解国内能源供求矛盾,政府对天然气的定价也将一部分权利交给市场,实行了价格的"双轨制"。

2005 年 12 月 26 日国家发展改革委员会下发了《关于改革天然气出厂价格形成机制及近期适当提高天然气出厂价格的通知》,主要的内容包括:简化价格分类,将其简单地归并为两档价:将实际执行价格水平接近计划内气价且差距不大的油气田的气量,以及全部计划内气量归并为一档气,执行一档价格。范围包括:川渝气田、长庆油田、青海油田、新疆各油田的全部天然气(不含西气东输天然气);大港、辽河、中原等油田目前的计划内天然气。除此以外,其他天然气归并为二档气,执行二档价格。其中,一档天然气出厂价在国家规定的出厂基准价基础上,可在上下 10% 的浮动范围内由供需双方协商确定;二档天然气出厂价格在国家规定的出厂基准价基础上上浮幅度为 10%,下浮幅度不限。天然气出厂价格则由政府定价和政府指导价并存,改为统一实行政府指导价,供需双方以国家规定的出厂基准价为基础,在规定的浮动幅度内协商确定具体结算价格,并建立天然气价格与替代能源价格挂钩机制。此外,规定天然气出厂基准价格每年调整一次,调整系数根据原油、LPG(液化石油气)和煤炭价格五年移动平均变化情况,分别按 40%、20% 和 40% 加权平均确定,相邻年度的价格调整幅度最大不超过 8%(张海滨,2009)。

总体来说,中国当前天然气定价机制遵循在体现价值规律的基础上逐步引入市场竞争机制这一原则,但政府定价仍然是价格形成的唯一方式,价格的

灵活性受到很大的政策制约。

从上述中国主要能源品种的价格形成机制的演进来看,中国能源价格形成机制的演进历程与中国的经济体制改革的步伐是基本保持一致的,或者说是由于经济体制改革的推进,结合当时国内能源供给环境的变化,能源价格机制随之进行着适应性的变革,正逐步努力由完全计划指导下的价格形成向市场价格形成体制方向转变,但现阶段各能源品种价格都基本还是在管制下形成的。

第二节 中国能源价格调节机制的演进及现状

税收和补贴政策是政府管理和调节商品价格的两种主要的手段。中国的能源税收和能源补贴在实践中也已被运用来对各类能源价格进行干预与控制。以下分别对中国能源税收机制和能源补贴机制的演进及现状加以介绍。

一、中国能源税收机制的演进及现状

迄今为止,中国都没有形成比较健全的能源税体系,专门针对能源的税收只有燃油税一种,对能源消费及其引发的污染问题控制和税收调节都只是体现在其他形式的税种中。主要现行税种的具体税收条款中分别规定了对涉及节约和开发能源的活动给予相应的税收优惠待遇,对过度耗费能源和污染环境的产品和项目则规定予以征税或加重税负。目前涉及能源节约和开发的税收政策主要包括:在对能源产品普遍征税的基础上现行增值税规定对有利于节约能源的项目和产品给予税收优惠(朱顺贤,2006)。以下按时间的先后顺序列举几项为例:

自2001年1月1日起,对利用煤炭开采过程中伴生的舍弃物油母页岩生产加工的页岩油及其他产品,利用城市生活垃圾生产的电力实行增值税即征即退。自2004年1月1日起,对利用石煤生产的电力按增值税应纳税额减半征收。现行消费税将一部分能源产品如汽油、柴油和高耗能产品如小汽车、摩托车等纳入征税范围。对生产销售达到低污染排放值的小轿车、越野车和小客车减征 30% 的消费税税额。在企业所得税中给予《当前国家鼓励发展的环保产业设备（产品）目录》公布的环保设备产品暂免征所得税的优惠政策。按10% 的税率对外国企业向中国提供节约能源和环境保护方面的专有技术而取得的使用费征收所得税，并对其中技术先进、条件优惠的免征所得税（余玉琴，2009）。对利用废水、废气、废渣为主要原料进行生产的企业在 5 年内减免所得税；对从事能源项目建设的生产性外商投资企业，经营期在 10 年以上的，从生产获利年度开始所得税征收实行"两免三减半"；以调节开采应税资源所形成的级差收入为目的，按开采应税资源的开发条件和资源禀赋条件确定开采原油、煤炭、天然气等资源的企业和个人的定额税率，计税依据是应税资源的销售数量和自用数量（黄志刚，2009）。中国燃油税作为真正意义上的能源税代表，其从被提出到最终出台经历了一个漫长的过程。最早提出要征收燃油税是在 1994 年，其后一直是研究讨论，鉴于其影响的广度与深度，直至 2008年 12 月 5 日，国家发改委、财政部等部门才正式发布公告，拟定成品油税费改革的具体方案，并于 2009 年 1 月 1 日起正式实施成品油税费改革，汽、柴油等成品油消费税价内征收（王文文，2009）。

二、中国能源补贴机制的演进及现状

补贴机制本身就是一种扭曲市场行为的行政干预，它是政府在特定的情形下对特定的行业所采取的一种市场调节措施。中国的能源价格形成机制从新中国成立至今，一直都未真正发挥作用，政策的干预从未停止。而其间的能源补贴政策正是伴随着能源价格形成机制改革而不断演进。

改革开放之前这段时期里，由于当时能源供给严重缺乏，能源开采、加工、运输等都处于一个低效的状态，而政府在能源定价上的严格管制使能源生产企业的收益与成本严重失衡，大量的能源企业只能依赖政策补贴以维持正常的生产和扩大再生产，此时的能源补贴旨在保证对能源生产企业的运转以支持经济发展的需要。改革开放后，随着部分能源价格逐步市场化后，能源价格的"双轨制"导致计划内价格与计划外价格的巨大差异,能源价格的控制使主要的能源生产企业需要承受所谓的"政策性亏损",企业生产积极性被打击,此时的能源补贴主要是对此类企业的"收益损失"的一种补偿。

进入20世纪90年代后,随着煤炭和石油等主要能源品种的价格形成机制的市场化改革的推进,这种单纯的对企业亏损的补偿形式越来越少,但是另外一种形式的补偿却依然存在,由于煤电价格的联动关系、原油与成品油之间价格的关联效应,中国采取的对电力和成品价格的管制措施,使电力企业和成品油销售企业往往无法承受上游煤炭和原油价格的上涨带来的成本压力,为此,政府又不得不对电力企业与成品油销售企业给予补贴以维持市场正常的能源供应。近年来的补贴形式更加多样,主要体现在支持新能源和清洁能源的发展上。

从中国的能源税收与补贴机制的政策效果来看,能源税收和补贴机制仍有待进一步完善。目前国家对能源资源的开发利用征收资源税和资源补偿费,征收对象是能源资源开采企业即上游企业,实行从量计征,很多品种的征收率相对较低,税收的涉及面相对较窄,未能真正起到控制和调节能源消费的目的,未来改革的空间很大。对能源补贴而言,其无论是补贴的形式上还是补贴规模上都需要进一步改进和调整,补贴的种类过于繁多,补贴规模过大。

第三节　中国现行能源价格机制下的能源价格

在上述的阐述后,我们发现中国的能源价格机制在经历了数次的改革后,尽管是力图朝着市场化的方向努力,并取得了一定的成绩,但是现阶段中国的能源价格的形成依然离真正的市场化有一定的距离,政府对能源价格的管制仍然是能源价格形成的主要方式。以下我们继续对中国几种主要的能源品种的价格管理方式进行分析。

首先,我们将煤炭价格和电力价格放到一起进行讨论,这主要是因为煤炭是占中国能源消费结构比例70%以上的主要能源品种,而这其中的绝大部分是以电煤的形式用于火力发电,电力是中国的工业生产使用占70%以上的能源形式。煤炭是电力生产的上游原料,煤电之间的价格关系是紧密相关的,由此可以看出,讨论煤炭的价格问题就不能撇开电力的价格。中国政府在煤炭价格的形成问题上,可谓是相当重视的,在经历了完全由政府计划定价向计划与市场并行,最终完全放开的改革过程后,似乎中国的煤炭价格形成机制市场化改革已经成功。但是正如国内能源经济学家林伯强(2010)教授所言:"电力行业消费了中国近50%的煤炭,只要电价受控,中国煤炭就无法完全市场化。"但从目前的情况看,电价改革没有到位,电力体制改革在"厂网分开"后实质上处于停滞状态,国家对上网电价和最终销售电价仍然实行严格的管制(曹倩等,2011)。也正因为如此,据电监会统计,全国电煤重点合同煤平均价格(车板价,不含运输费用)2002年是167元/吨,2003年为253元/吨,2005年为270元/吨,2006年为281元/吨,2007年为304元/吨,2008年达到375元/吨(陕西地区),累计上涨了2.25倍(曹倩等,2011),而同期电价只提高了不到40%。这其中对工业用电的定价上还有更大的优惠,也就是说由于政府掌握了电力价格制定的权力,其在考虑控制工业企业能源成本促进经济发展以及对通货膨胀的担忧的前提下,始终保持了一个相对较低的电力价格水平。这样一方面电力企业在煤价市场化以后,饱受成本上升之苦,却无法提高电价,只能接受巨额的政策亏损。最终导致政府对电煤价格进行干涉的隐形政策行为,或者对电力企业的财政补贴来维持电力价格的管制。

其次,我们来讨论石油和天然气的价格机制下各自的价格情形。石油价格机制相比较其他能源品种而言,略显复杂,因为石油价格包括原油与成品油价格,其中原油的价格当前已经基本实现与国际市场的接轨,但成品油的最终定价权仍由行政管制。现行的成品油价格形成机制是由国家发展改革委牵头于2008年11月25日前后拟定并获审批的国内成品油价格形成机制改革方案,主要内容是:将现行成品油零售基准价格允许上下浮动的定价机制,改为实行最高零售价格,并适当缩小流通环节差价。而最高零售价格,将以出厂价格为基础,加流通环节差价确定。最新方案提出,将原允许企业根据政府指导价格上下浮动 8％降为 4％左右,折成额度取整确定。当国际市场原油价格过高、过低或剧烈波动时,国家将采取相关措施对汽、柴油价格进行适当调控。为避免国际市场油价剧烈波动导致国内油价频繁调整,机制参考的国际市场原油价格是连续 22 个工作日相关油种移动平均价格。也就是说,国际市场某种原油某一天或某几天价格变化较大时,国内成品油价格不会调整,只有当国际市场相关油种连续 22 个工作日移动平均价格变化超过 4％时,国家才可能相应调整国内成品油价格。如此,国际市场原油期货价格的变化不会同时、同幅直接地反映到国内,从而引起中国成品油价格每天变化(李晓博,2010)。从国内的成品油价格管制实践来看,这种机制直接导致的结果是,在国际油价上涨时期,国内油价调控表现出明显的滞后性,这种情形在 2008 年底之前很长一段时间内,都是表现出国内成品油价格调整始终滞后于国际市场的价格,导致的结果是同期的油价一直低于国际市场;在国际油价下降阶段,由于国内能源价格的下调同样表现出延迟,甚至于由于受到利益的牵扯,延缓下调时间,在 2008 年年底就出现了国内成品油价格较国际市场高的现象。天然气价格的形成在基本原理上与成品油是一致的,中国的天然气价格在近几年国际国内其他能源价格大幅波动的背景下,都很少出现调价,价格僵化严重,这两种能源品种的价格实际上都还不能反映真正的市场情况,目前还都属于政府管制下的价格。

第四节　中国能源价格机制下的能源要素成本

　　鉴于本书的研究目标,我们研究的关注点在于当前的能源价格机制下,作为生产要素的能源要素的成本构成情况,这将是后续研究的基础问题,根据在上一章模型中的假定条件,进一步完善为下式:

$$c^E = p^E \tag{4.1}$$

$$p^E = p^E + t^E - s^E \qquad (4.2)$$

其中,c^E 表示生产活动中的能源成本,p^E 表示能源名义价格,p^E 表示能源实际价格,t^E 表示能源税收,s^E 表示能源补贴(能源补贴形式分为生产侧补贴和消费侧补贴,考虑目前的能源补贴形式都是生产侧补贴为主,故上式的补贴直接影响到能源名义价格的形成,关于消费侧补贴的形式将在后文进行论述)。这里为便于分析和结合中国问题的实际情形,将能源要素的成本简化为能源的名义价格,我们分别从能源价格的形成机制,能源价格的调整机制,能源生产的调节机制来考察中国能源名义价格的构成,即生产中能源要素成本的构成。

首先,从能源价格的形成机制上来看,从上文的分析可以看出,尽管原煤、原油的价格形成基本实现市场化,但是电力、成品油、天然气的价格目前仍然是政府管制定价的形式,作为工业生产终端能源消费结构中的主要能源品种的煤炭(见表 4.1)的价格常常受到政策的限制和干扰。如此不难得出中国能源要素的成本仍然是政策管制下的产物的结论。而中国在当前面临经济发展与节能环保的两难选择中,仍无法做到完全不计能源价格因素对经济活动的冲击,在这样的政策思路下,保持相对较低的能源价格是政策的首选。

表 4.1　部分年份中国终端能源消费主要品种结构变化

单位:%

年份	煤焦	油	天然气	电力
1991	67.71	14.66	3.00	11.00
1995	65.84	14.28	2.72	12.15
2000	54.75	18.59	3.51	16.55
2007	55.02	13.64	4.19	21.82
2012	41.6	25.4	5.9	22.6

数据来源:中国能源统计年鉴 2009,2012 年数据来自国家统计局。

其次,从价格的协调机制上来看,主要用于协调价格形成的手段是税收与补贴。目前,我国运用税收政策促进节约能源的重要导向功能未能充分体现出来。对于增值税来说,一刀切式的对所有能源产品按 17% 的税率征收,不具有特殊调节作用。对于消费税来说,汽油和柴油等油品的总体税收负担为23％左右,导致汽油和柴油的价格也大大低于国际价格水平(王文文,2009)。另一方面,中国对化石能源的补贴则数额巨大,《世界能源展望2008》对20个非OECD(经济合作和发展组织)国家(其一次能源需求占非OECD国家总体一次能源需求的80％以上)的化石能源和电力的消费补贴规模统计显示,2007年中国的化石能源补贴排在第三位,补贴数额大约在260亿美元左右。而事实上,依据李虹等(2009)利用价差法估算的结果显示,中国化石能源补贴规模远超过IEA(国际能源机构)所估算的规模。2007年中国化石能源补贴规模为5 929.87亿元,其中,石油补贴规模为3 614.87亿元(汽油补贴为1 111.05亿元、柴油补贴为2 495.31亿元、燃料油为305.12亿元、煤油为79.73亿元),天然气补贴规模为888亿元,煤炭补贴规模为1 427亿元(李虹,2010)。较低的能源税收负担和高额的能源补贴使当前中国能源的名义价格背离了实际价格,也即能源要素在政策的影响下具备了成本优势。

最后,中国在能源价格的管理上目前尚未实现市场化,价格调整基本是以国际市场能源价格为参考,调整幅度和时间点都受到政策管制,如此一来,使国内的能源价格一直与同期国际市场能源价格存在一定的差距。从能源价格的调整机制来看,无论是电力、成品油还是天然气的价格调整都是由国家发展改革委员会在参考国际市场的价格变动的前提下,根据一定的指标设计,在符合指标的要求的前提下,再进行价格调整,从实际的操作情况来看,这种模式的管理对维持价格的稳定,缓冲能源价格的变动对经济的冲击起到了十分重要的作用。与此同时,我们应当看到,这种机制的明显缺陷在于其在价格调整上的滞后性,导致的直接结果是,无论是价格上涨或者下跌都要滞后于国际市场,在当前国际能源市场价格持续上升的背景下,极易形成国内外政策干涉下的"能源价格差"。从能源成本而言,一方面稳定了成本,另一方面,在成本上升过程中可获得到滞后的优势。

第五节 国际主要发达国家的能源价格机制选择

与国内能源价格机制相比,国外主要发达国家在能源价格机制上的探索要走在前列。发达国家在经济发展上有优势,在能源利用技术水平上也处于领先地位,在经历了政府对能源价格的干涉阶段后,都逐步实现了能源价格的市场化。鉴于本书是要以能源价格的讨论为基础,探讨中国的出口贸易问题,以下选取中国的主要贸易伙伴国的 OECD 发达国家作为代表,对国内外的能源价格机制进行比较分析。

首先,从国外煤炭和电力价格的形成机制来看,近些年来,美国和英国等世界主要发达国家对煤炭价格的形成机制进行了积极的探讨,基本形成了市场机制调控下的煤炭价格定价机制。由于煤炭仍是各国电力生产重要的能源,所以煤炭的定价都与电力部门相关,与电力价格相关性高。美国是煤炭价格市场化比较充分的国家。煤炭价格完全由供求关系决定,价格中包括必要的税收费用。在美国 90% 的煤炭用于发电,而煤电占美国发电量的 50% 左右。美国主要依靠市场的力量保持煤电价格的稳定。该国的煤电生产商之间在煤炭的供给方面一般会签订长期合同,类似于期货合约,能保持平稳的煤炭供应和稳定的价格。英国煤炭市场与电力市场是相互独立的,都由市场来决定。英国电力价格由市场进行调节,作为电力行业重要的能源,煤炭的价格也是由市场调节。一般煤炭的价格波动会波及电力行业。英国能源新政策的基本内容是开放竞争的能源市场,政府不规定能源结构或电力供应中的能源比例,以市场化保证公平竞争。

国外石油定价机制经历了从西方石油公司定价到 OPEC 定价,再到由期货交易所以期货价格作为定价基准的自由市场定价模式的转变,已经形成了较为完整的现货市场和期货市场体系。这五个现货市场分别是西北欧市场、地中海市场、加勒比海市场、新加坡市场、美国五个市场。由于地理位置的不同,这五个市场分别服务于不同的国家和地区。目前,国际市场原油贸易大多以各主要地区的基准油为定价参考,以基准油在交货或提单日前后某一段时间的现货交易或期货交易价格加上升贴水作为原油贸易的最终结算价格。全球范围内的三大石油期货市场分别是纽约商品交易所、伦敦国际石油交易所和东京工业品交易所。其中,交易量最大的是纽约商品交易所,其能源期货和期权交易量占到三大能源交易所总量的一半以上。纽约商品交易所上市交易的西得克萨斯中质原油(WTI)不仅是全球交易量最大的商品期货,而且也是全球石油市场最重要的定价基准之一,所有在北美生产或销往北美的原油都以 WTI 原油作为基准来定价。伦敦国际石油交易所交易的北海布伦特原油也是全球最重要的定价基准之一,全球原油贸易的 50% 左右都参照布伦特原油定价,英国和其他欧洲国家所使用的原油价格就是这一价格。

　　目前,成品油的定价在经济比较发达,市场机制、竞争机制完善的国家多采用市场竞争的方式。从几个具有代表性的国家来看,美国主要通过油品储备、利率等间接手段进行调控,并不直接干预市场(仰炬等,2009)。两个主要成品油现货市场的油品价格由供求关系决定,并随着国际市场油价的波动而波动。由于流通环节和销售对象的不同,美国国内成品油销售价格又可以分为三种情况:一是各石油公司通过自己建立的加油站以零售价格在国内市场销售;二是少部分油价视地区和季节的不同而有所不同,美国的石油公司每天都要制定各个油库的成品油批发价格,其中原油价格、石油产品从炼油厂运到油库的运费、公司的品牌、是否送货上门等是批发价格的主要构成要素。数量、利润、商标、竞争性和市场的变动是作为公司价格决策的主要考虑要素。而现货市场价格变动的方向和程度对批发价格影响最大,美国加油站的定价更加灵活,在油价波动较大时,一天要进行多次调整。在欧洲,政府并不直接参与油价制定,而是任由各公司和加油站自由竞争,如英国就认为,政府和国际能源机构都不应该参与控制石油价格,而是由市场决定。欧洲国家政府调控石油价格的主要措施之一,是对原油产品征收重税。日本于 1996 年废除《特石法》,石油市场逐步放开,日本政府不再使用任何行政手段来干涉石油价格,国内成品油价格形成的各个环节都是由市场供求决定。韩国石油价格市场化进程和中国很类似,历经了政府定价、与国际市场接轨和价格市场化三个阶段,1994 年 11 月通过建立与国际石油市场价格联动的机制,逐步与国际市场接轨,并于 1997 年 1 月以后实现石油价格市场化。

第六节 国内外能源静态绝对价格与动态相对价格

从当前国内外能源价格机制的比较来看,国内目前几乎主要的能源品种都是政府管制下的价格,能源价格的最终决定权在政府手中,而中国的主要贸易伙伴国家的能源价格已逐步实现市场化,即由能源市场的供需决定。中国能源价格机制的演进历史,是从完全计划经济逐步向市场化改革的过程,中国的能源价格在很长一段时间内在绝对价格上是大大低于国际市场的。中国的能源价格形成机制的选择一直与中国的经济发展阶段相适应,中国在这样的能源价格机制下的静态能源绝对价格与国际市场相比一直处于相对较低的状态,而动态的能源相对价格走势也与前文的分析基本一致。

一、国内外能源绝对价格的差异比较

鉴于前文的结论以及数据的可获得性和对比口径的考虑,我们选取两个代表性的能源品种——成品油和电力——的国内外绝对价格来做一个比较。

(一)成品油的实际使用成本——税后价格水平在主要贸易对象国中偏低

由于原油价格的高度市场化和炼油技术的较小差异,使各主要发达国家的成品油税前成本价格差异不大。但是正如前文所述的那样,发达国家在能源消费的价格调节上已经主要着眼于节能减排的战略目标,所以欧洲主要国家的汽、柴油都被视为"奢侈品",所征收的税费比例都很高,部分国家甚至达到 70% 左右,远高于中国的水平。根据世界银行的统计数据,2010 年中国汽油平均税后零售价为 1.11 美元/升,在其统计的 168 个国家和地区中排名第 103 位;柴油平均税后零售价为 1.04 美元/升,排名第 88 位,价格水平都位于

倒数的位置。MyTravelCost 网站 2012 年 3 月的数据显示,在其统计的全球
136 个国家和地区中,中国的汽油价格排名为第 86 位,柴油价格排名为第 78
位(王海博、张云辉、陈倩,2012)。需要注意的问题是,在这些排名中,我们关
心的中国主要的贸易对象国,除美国和加拿大的税后成品油价格基本与中国
持平以外,韩国、日本、英国、德国等国家的成品油税后价格水平都远高于中国
(如图 4.1)。究其原因,中国成品油的税费水平相比较于比较对象国有很大的
差距,其中欧洲主要国家的汽、柴油中的税费比例都达到了 40％以上的水平,
日本、韩国的也有 30％～40％的水平,加拿大在 25％～30％左右。美国因其
有强大的战略控制资源,能源保障上相对安全,其对能源消费的价格税费机制
的控制并不积极,其税费水平平均在 15％左右。总体而言,中国的成品油价
格形成机制和调节机制下的价格水平是偏低的,尤其是和主要的贸易对象国
的比较来看,能源价格成本优势明显。

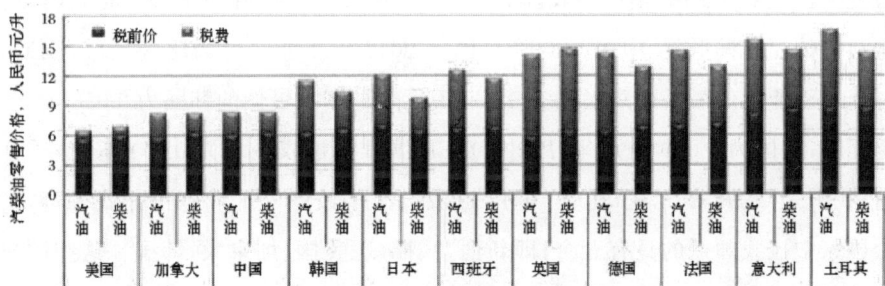

图 4.1　2012 年 3 月中国与主要发达国家汽柴油零售价格及税费对比

资料来源:王海博、张云辉、陈倩.我国成品油价格的国际比较与启示.油价论坛,
2012。

(二)终端消费电价的水平在主要贸易对象国范围内属于较低位置

由于电力价格的核算比较复杂,各国的统计方法和统计口径差异巨大,单
就统计的价格来说,就包括上网电价、输配电价、终端销售电价以及交易价格
等多种形式,划分上又分为工业电力和民用电力,而隐含在电力价格中的补贴
因素则导致电力的实际成本价格差异更大。电价的实际数据由于涉及国家的
管控,在可获得性上也受到一定的限制,以下主要通过引用已有研究的结论来

进行比较分析。目前世界上有近 200 个国家和地区,当前能找到电价统计的国家大多数为发达国家特别是经济合作与发展组织国家(OECD),好在我们研究的对象只是与中国有着密切贸易联系的国家。根据国网研究院李英、李成仁和段燕群(2010)的研究,基于来自 IEA"ENERGY PRICE & TAXES,1st Quarter 2010"的数据分析得出,在国际 27 个国家和地区中,2009 年我国工业电价排名第 19 位,价格水平偏低;而我国居民电价排名倒数第二位,价格水平严重偏低。其中工业用电价格在主要的贸易对象国中,比美国略高,比欧美及日本等国家低出很多。来自中国行业研究网 http://www.chinairn.com 的数据同样支持这一结论,从中国与 OECD 国家 2011 年生活电价的比较来看,OECD 国家中生活电价最高的丹麦为 0.409 美元/千瓦时,最低的韩国为 0.089 美元/千瓦时,美国为 0.118 美元/千瓦时,OECD 国家加权平均为 0.158 美元/千瓦时,中国是 0.074 美元/千瓦时。欧美各国的生活电价都比我国高,丹麦为我国的 5.5 倍,美国是我国的 1.6 倍,OECD 平均为我国的 2.1 倍,我国的生活电价严重偏低;从中国与 OECD 国家 2011 年工业电价的比较来看,OECD 国家中工业电价最高的意大利为 0.279 美元/千瓦时,最低的韩国为 0.058 美元/千瓦时,美国为 0.070 美元/千瓦时,OECD 国家的加权平均为 0.111 美元/千瓦时,我国是 0.092 美元/千瓦时。OECD 成员国多数国家工业电价比我国高,32 个国家中比我国低的只有五个,即新西兰、挪威、美国、加拿大、韩国。这些国家都有它们的特殊条件。其中,新西兰、挪威、加拿大水电比重大,韩国核电比重大,美国电价中不含税、发电用能源价格低,以及政府对电力工业的补贴等因素,是中国无法与这些国家比较的。[①]

　　从以上的比较不难看出,无论是成品油价格还是电力价格,中国比大部分的贸易对象国都低,即在能源要素成本上具有优势,但也需要注意到的是,与美国的数据比较中发现,中国的能源价格还稍高些,这主要是由于美国本身在能源资源掌控上的强大力量以及美国本身的技术优势所形成的。

----

① http://www.chinairn.com/news/20130522/134250110.html

二、国内外能源相对价格的走势分析

由前文的分析可知,中国在能源价格的管理上,目前尚未实现市场化,价格调整基本是以国际市场能源价格为参考,调整幅度和时间点都受到政策管制,如此一来,使国内的能源价格一直与同期国际市场能源价格存在一定的差距。从能源价格的调整机制来看,无论是电力、成品油还是天然气的价格调整都是由国家发展改革委员会在参考国际市场的价格变动的前提下,根据一定的指标设计,在符合指标的要求的前提下,再进行价格调整,从实际的操作情况来看,这种模式的管理对维持价格的稳定,缓冲能源价格的变动对经济的冲击起到了十分重要的作用。与此同时,我们应当看到,这种机制的明显缺陷在于其在价格调整上的滞后性,导致的直接结果是,无论是价格上涨或者下跌都要滞后于国际市场,在当前国际能源市场价格持续波动的背景下,极易形成国内外人为的能源价格走势差异。

鉴于国内外能源标价口径的差异,能源品种的复杂性,以及汇率换算等问题的存在,使单纯的绝对价格的比较缺乏科学性和严谨性,以下我们尝试建立一个衡量国内外能源价格一般水平的指标,然后比较二者的变动幅度来对比国内外能源价格机制下的能源相对价格走势。这里所谓的"国内外能源相对价格走势"指的是仅仅衡量国内外能源一般价格走势,忽略其绝对价格的比较,重在强调观察其价格走势的差异。我们首先构建两个分别能衡量国内和国外能源价格一般水平的指标来反映国内外能源价格的指数变化幅度的对比,由于能源概念本身涵盖的范围较广,同时受制于数据的可获得性,学者们在国内能源价格衡量指标的构建上存在很大的差异,林伯强等(2009)采取中国人民银行季报所公布的煤油电的价格指数代表能源价格变动。考虑综合评价国内能源价格变动的科学性,本书亦采用煤油电价格指数作为衡量国内能源价格变动的指标。国际能源商品价格指数衡量国际市场上的能源价格变化水平,其中包含原油、天然气和煤炭价格,数据来源于 IMF 数据库中的 Primary Commodity Prices。比较区间为 2005 年 5 月至 2012 年 12 月,比较结果如图 4.2 所示。

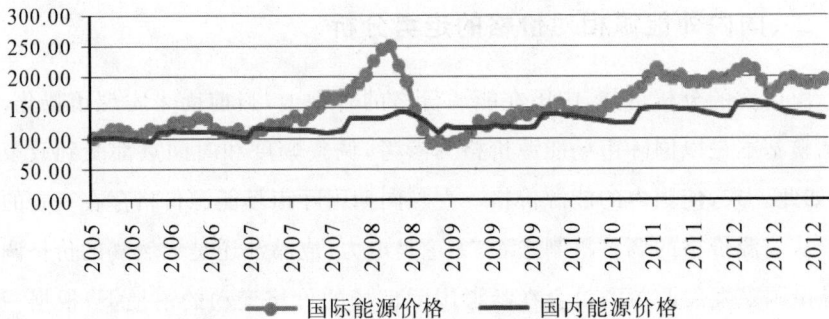

图 4.2　2005 年 5 月至 2012 年 12 月国内外能源相对价格走势

注:以 2005 年 5 月为基期 100

　　由图 4.2 可知,国内外能源相对价格走势与本书前面分析的情况基本一致,呈现出整体走势相似,但是国内能源价格走势相对平稳,而国际能源价格走势波动幅度较大,具体价格调整节点国内价格滞后国际价格的特点,尤其是2008 年之前的阶段,国内能源价格的上涨幅度被控制得很好,相比于国际市场的巨大上涨趋势,国内能源价格始终保持着稳定的走势。而 2009 年在国际能源价格大幅度快速回落的同时,国内的能源价格走势却依然保持相对稳定的水平,图中可以看出同时期国内能源价格下降相对有限。其后至今这段时期,国际能源价格又恢复到平稳回升的走势,国内能源价格的走势则又表现出相对较小的涨幅。这一现象的存在对中国出口贸易的发展历程产生什么样的影响?这种影响是否有利于中国出口贸易的长期稳定发展?后文的分析将主要针对这两个问题展开。

本章小结

　　中国能源价格机制的演进在每个阶段都是特定的经济发展国情下的选择,无论是早期的严格价格管制、过渡期的双轨制价格还是现阶段的煤炭、原油等部分能源品种的基本市场化定价机制,都符合国民经济发展的基本诉求。中国长期以来能源一直维持着低价格、低效率的状态,无论是价格形成机制还是调节机制,其设计的基本出发点都是支持经济发展。从国内外能源绝对价格和相对价格容易看出,国内主要能源品种的绝对价格在与主要的贸易伙伴国的比较中,一直处于较低的水平,而相对价格走势的比较发现,中国的能源价格相对于国际能源价格的波动幅度较小,相对走势稳定。

第
五
章

国内外能源相对价格对
中国出口贸易影响研究

从前文的分析可以看出,由于中国政府在能源价格机制上选择的政策目标之一是维持低价的能源,为稳定经济发展服务,导致国内外能源不仅是绝对价格存在差异,动态的价格变动走势也呈现出差异,形成了国内外能源相对价格走势差异的现象。与此同时,中国的出口贸易长期保持高速增长,出口结构也逐渐由传统的劳动密集型向资本(能源)密集型调整,这二者之间究竟存在什么样的关系?这种影响的方向与幅度如何?以下的分析通过理论和实证的研究,从国内外能源价格机制选择差异下形成的国内外能源相对价格差异现象出发,进而探讨其对中国出口贸易的规模、结构和比较优势的影响机制和效果。

第一节 传统贸易理论的现实悖逆

一、中国出口贸易发展分析

出口贸易作为带动中国经济增长的三驾马车之一,为中国经济今天取得的巨大成就做出了毋庸置疑的贡献。自中国政府确立了改革开放的政策方针之后,坚定不移地支持商品出口的发展,出口贸易便一直保持着稳定而快速的增长。如图5.1所示,1992年至2013年间,出口规模持续增长,除2009年受国际金融危机影响,出现短暂的调整外,其他时期均保持高速稳定的增长势头。在经历了艰难的谈判后,中国于 2001 年 12 月重新加入世界贸易组织(WTO),为出口贸易的更大发展提供更加广阔的市场,自此以后的出口贸易便进入了一个更加快速发展的通道,从图中不难看出,尤其是 2001 年后的出口规模增长速度加快,中国逐步成为世界范围内名副其实的出口贸易大国。

单位:亿元人民币

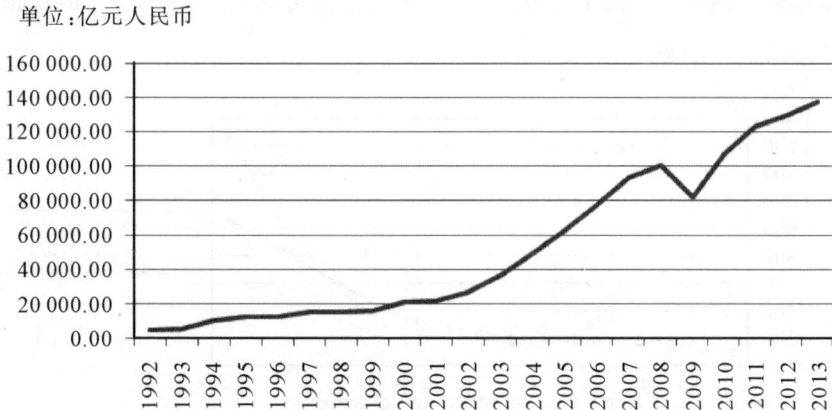

图 5.1 1992—2013 年中国出口总额增长趋势

数据来源:中华人民共和国统计局

不仅出口贸易的总额逐年增长,同时中国的出口结构也在同样经历着优化升级的过程,中国已形成了工业制成品为主的出口结构,根据统计数据显示,中国的工业制成品的出口结构正逐渐由劳动密集型向资本(能源)密集型转换升级,出口的初级产品和工业制成品所占比重分别为 5.2% 和 94.8%,而且近年来工业制成品所占比重一直在 90% 以上,初级产品(包括食品、矿物燃料及原料等)出口比重总体呈下降趋势(魏锋等,2010)。到 2013 年,工业制成品中的机电产品出口比例已经远远大于传统的纺织服装等劳动密集型产品出口比例,1992 年机电产品占工业制成品出口的比例不足 20%,至 2013 年已经达到 57.3%,而纺织类产品下降至 12%。进一步从能源密集型产品的出口情况看出,自上世纪 90 年代以来,代表性的能源密集型产品的出口也一直呈现快速上升的走势。一直以来,中国劳动力比较丰富,因而劳动密集型产品长期占据了出口贸易的主要部分,但随着近年来的经济快速发展,工资水平的持续上涨,劳动密集型产品的比较优势正逐渐丧失,同时因为多年的发展积累,中国的资本存量有了大幅度的提高,资本密集型产品的比较优势随之不断增强。正如 Copeland 和 Taylor(2003)所指出的那样,产业的资本密集度与其能源的消耗投入高度相关。因此,也可以说中国能源密集型产品的比较优势也在不断增强。图 5.2 给出了 1992—2008 年间中国劳动密集型产品和能源密集型产品的出口趋势。

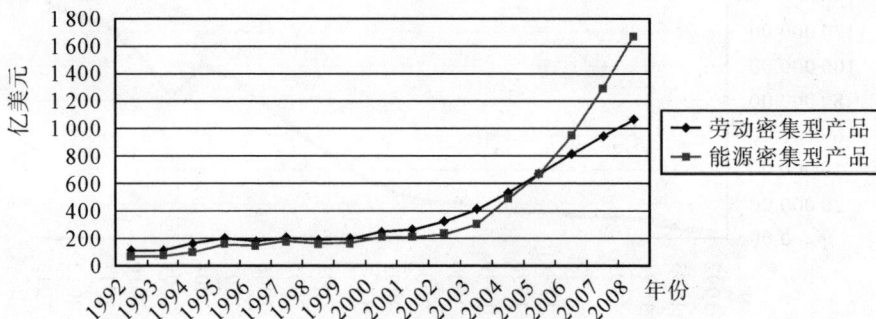

图 5.2　中国劳动密集型产品和能源密集型产品出口额比较

数据来源:中经网统计数据库

从图中可以看出,2003 年以前,中国劳动密集型产品和能源密集型产品的增长速度比较接近,劳动密集型产品出口的绝对值也比能源密集型产品出口的绝对值大;2003 年以后,由于中国劳动力成本的不断上升,中国传统具有比较优势的劳动密集型产品的出口增长速度放缓,而能源密集型产品的出口增长速度很快,且能源密集型产品出口绝对值也超过劳动密集型产品的出口绝对值(董蓉,2010)。能源密集型的高能耗产品出口势头表现更加强劲,截至2013 年,水泥出口 1 454 万吨、平板玻璃出口 19 506 万平方米、钢材出口6 233万吨和纸及纸板出口 565 万吨,各类有色金属出口也较之前有所增加,整体高能耗产品的出口继续保持很高的增长比例。

二、传统的要素禀赋理论现实应用的修正拓展

根据上一章的分析可知,中国的能源价格是在一个向市场化过渡的阶段,尽管主要能源品种的最终定价权仍由政府管制,但是近年来的能源消费需求的快速上升,对能源价格的拉动也十分明显,故而能源价格也一直表现为持续上涨的势头。在中国的出口量一直保持增长趋势,年均增长速度为 23% 的背景下,其能源价格也进入了上升的快通道,以中国煤炭价格为例,从 1989 年的 50 元/吨上升到 2013 年的 615 元/吨,将图 1.3 和图 5.1 的走势纳入一个框架下进行比较后不难发现:伴随着能源价格的增长,出口贸易也同样保持着快速的增长势头。

能源价格上涨,不但会通过生活资料的渠道直接影响到消费者的消费成本,而且会以原材料和生产要素价格上涨的形式,从工业产业链的上游逐层传导到下游,最后影响到商品的价格,使商品的比较优势受到冲击。但是从中国的实际情况而言,能源价格持续上涨的同时,出口额也同步增长,似乎有悖经济规律,这一现象背后的经济机理值得探讨。

传统的要素禀赋理论认为一国贸易模式由该国相对要素禀赋决定,赫克歇尔和俄林使用一个 2×2×2 模型,并在生产技术相同、规模报酬不变、需求偏好相同、市场完全竞争以及运输成本为零等假定下,提出了要素禀赋理论。图 5.3 描述了该理论的基本思路,依据该理论的结论,各国资源的禀赋决定了供给状况,与要素需求一起决定了本国该要素的价格,进而影响本国密集使用这种要素的产品成本,要素相对丰裕使要素价格相对低廉,生产出的商品相对价格较低,故而形成了本国在这类商品上的出口比较优势。从动态视角来看,一国某种要素的价格上涨,则密集使用该种要素的商品出口相应受到影响。

因此依据传统 H-O 贸易理论的结论,能源要素相对丰裕的国家应该出口能源密集型商品。从静态的视角来看,一国能源要素的禀赋毫无疑问是给定的,就中国的现实情况来说,无论是早期还是近期,都不能归类为能源要素丰裕的国家,但是中国目前出口的商品中能源密集型商品的比例却逐渐增加;从

动态的角度来说,中国的能源价格的持续上涨应该对出口贸易的规模有一定的抑制作用,但是图 5.3 给出的事实却并非如此。

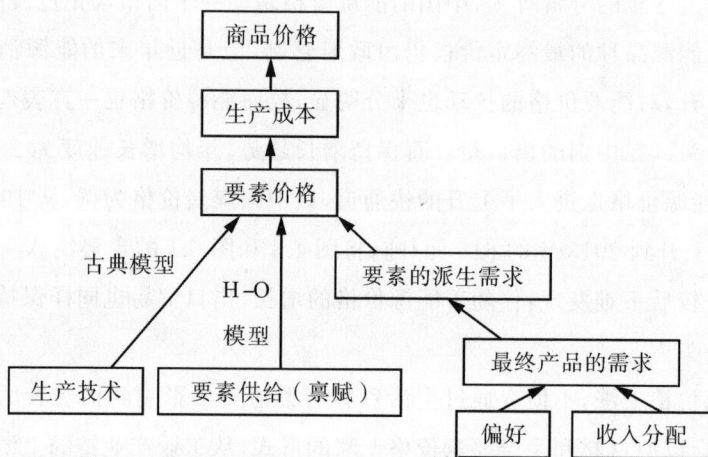

图 5.3　要素禀赋理论的一般分析框架

　　由此我们的研究需要对 H-O 理论中"要素的价格由要素的禀赋决定"的这一假设进行现实的拓展,因为并非每一种生产要素的价格的形成都是在完全市场竞争下产生的。Chichilnisky(1994a,1994b)的研究强调拥有相似环境资源禀赋的国家有可能在经济活动中对这些资源的利用存在很大差别,决定环境资源的使用量的因素是一国政府所选择的环境政策。环境管制严格的国家环境要素相对稀缺,环境管制宽松的国家环境要素则相对丰裕(曹慧平、陈清萍,2011)。与此相似,中国的能源要素由于自身的特殊性,其价格形成也是受到行政干预下确定的。根据前文的分析可以看出,中国的能源价格机制决定了能源价格是不完全取决于市场机制的结果,而多数是行政力量干预下形成的,由此而导致的能源绝对价格比主要的贸易对象国都低,同时与主要贸易对象国相比在能源相对价格走势上存在调整幅度较小的优势。由此我们对原理论中的要素禀赋假设进行拓展:静态角度,决定能源的使用成本的因素是一国政府所选择的能源价格机制。能源价格被行政管制的国家能源要素相对丰富,反之则能源要素相对稀缺。动态的角度,一国的能源价格调整机制决定了一国能源相对价格走势情形,滞后的价格调整机制使其在国内外能源价格持续上涨的背景下,出口贸易能够获得能源价格调整滞后影响的优势。以下的分析将基于这一假设来进行。

第二节 能源相对价格、技术进步与出口贸易规模增长

一、相关文献综述

现存的能源与出口之间关系的研究主要集中在能源消费与出口贸易之间的关系方面,如 Goldberg(1984)研究了拉美国家的能源消费与进出口贸易之间的关系,Owen(1982)对巴西、秘鲁等拉美国家的能源消费和出口贸易之间的关系作了研究。以上两个文献都认为贸易与能源消费的规模及结构有重要的关系,后者认为巴西、秘鲁等拉美国家出口的迅速扩大是造成这些国家20世纪六七十年代能源供给紧张的重要原因之一。中国国内学者也对中国能源消费与出口贸易之间的关系进行了研究,如张传国(2009)以及苏桭芳(2009)等用不同的方法得出了相似的结论,都认为中国的能源消费对出口贸易存在重要的影响。现存的关于出口与能源价格之间的关系的文献相对比较少,João Ricardo 和 André Varella(2007)则从石油价格上涨与中国总出口额持续上升并存这个现象出发,将技术进步作为外生变量,建立了一个包含劳动力市场、货币市场、商品出口市场开放性的一般均衡分析框架,试图解释这一现象,最后得出结论认为技术进步是问题的根源。

二、理论模型的构建及分析

出口的供给 X^s 是由劳动力价格 wN、国内能源价格 PE、劳动力数量 N、劳动力的生产率 F_N 等因素决定的,即:

$$X^s \equiv f(wN, PE, N, F_N) \tag{5.1}$$

而出口的需求 $X^d = g(y_f, e, PE_f)$，其中 y_f 为其他国家的国民收入，e 为真实的汇率，PE_f 为国外能源价格。

仅考虑出口均衡市场，当 $X^d = X^s$ 时，均衡的出口量就决定了，即

$$X \equiv X(wN, PE, N, F_N, y_f, e, PE_f) \tag{5.2}$$

其中，$X_N > 0, X_{PE} < 0, X_{FN} > 0, X_{yf} > 0, X_e > 0, X_{PE_f} > 0$。

从仅考虑出口均衡市场的局部均衡理论分析的结果来看，由于能源是主要生产要素之一，因此，国内能源价格的上涨会直接导致国内商品的成本提高，应该与出口是负相关的关系，而现实当中体现出来的却是出口与能源价格是正相关的关系。下面，本章通过引入全要素生产率 TFP 这个要素来对这一现象进行理论解释。

生产函数可以写为：$y = F(N, E) = (\emptyset N)^\partial E^\beta$，其中 $\emptyset$ 代表技术或者全要素生产率（TFP）；E 为能源要素，因此，$y_\emptyset \equiv \dfrac{\partial y}{\partial \emptyset} = \dfrac{\partial F(N, E)}{\partial \emptyset} = \partial \emptyset^{\partial-1} N^\partial E^\beta$ > 0，而 $F_{N\emptyset} = \dfrac{\partial F_N}{\partial \emptyset} = \partial^2 (\emptyset N)^{\partial-1} E^\beta > 0$。

在工资、劳动力数量、国外国民收入以及实际汇率不随国内能源价格的变化而发生变化的情况下，均衡出口量只与国内外能源价格以及技术进步有关，即

$$\frac{\partial X}{\partial PE} = \frac{\partial X}{\partial wN}\frac{\partial wN}{\partial PE} + \frac{\partial X}{\partial N}\frac{\partial N}{\partial PE} + \frac{\partial X}{\partial F_N}\frac{\partial F_N}{\partial PE} + \frac{\partial X}{\partial y_f}\frac{\partial y_f}{\partial PE} + \frac{\partial X}{\partial e}\frac{\partial e}{\partial PE} + \frac{\partial X}{\partial RPE}\frac{\partial RPE}{\partial PE}$$

$$\tag{5.3}$$

其中 RPE 为国内外能源相对价格，即 $RPE = \dfrac{PE}{PE_f}$，因为均衡出口实际上是受到国内外能源价格的相对水平影响，而非各自的绝对水平。由于假设工资、劳动力数量、国外国民收入以及实际汇率都不随国内能源价格的变化而变化，因此上式可改写为：

$$\frac{\partial X}{\partial PE}=\frac{\partial X}{\partial F_N}\frac{\partial F_N}{\partial PE}+\frac{\partial X}{\partial RPE}\frac{\partial RPE}{\partial PE}=\frac{\partial X}{\partial F_N}\frac{\partial F_N}{\partial \varnothing}\frac{\partial \varnothing}{\partial PE}+\frac{\partial X}{\partial RPE}\frac{\partial RPE}{\partial PE} \qquad (5.4)$$

其中,第一项国内能源价格引起技术进步,而技术进步引起劳动生产率提高,提升商品出口比较优势,从而促进出口量增加,因此,第一项 $\frac{\partial X}{\partial F_N}\frac{\partial F_N}{\partial \varnothing}\frac{\partial \varnothing}{\partial PE}$ >0。而第二项中,假设国外能源价格不变或者上涨幅度小于国内能源价格,根据 H-O 理论,国内能源价格上涨会导致国内外相对能源价格 RPE 提高,即国内能源要素禀赋相对弱化,从而使得国内均衡出口量减小,此时第二项 $\frac{\partial X}{\partial RPE}\frac{\partial RPE}{\partial PE}$ <0;但是如果在国内能源价格上涨的同时,国外的能源价格也在上涨,而且上涨的幅度还大于国内的能源价格,那么, $\frac{\partial RPE}{\partial PE}$ <0 且 $\frac{\partial X}{\partial RPE}$ <0,此时第二项 $\frac{\partial X}{\partial RPE}\frac{\partial RPE}{\partial PE}$ >0。

由上述内容可见,最终国内能源价格对均衡出口的影响 $\frac{\partial X}{\partial PE}$ 取决于第二项的符号,以及与第一项的相对大小:如果是后面一种情况,第二项也大于零,那么 $\frac{\partial X}{\partial PE}$ >0,原因在于国内能源价格上涨促进了技术进步,技术的改造和更新使生产成本下降,使国内商品相对于国际市场商品具有出口比较优势,最终实现了出口额的增加;而在国内能源价格上涨的同时,国外能源价格也在上涨,且涨幅大于国内,国内外能源价格差导致了国内出口的增加;如果是后面一种情况,当 $\frac{\partial X}{\partial F_N}\frac{\partial F_N}{\partial \varnothing}\frac{\partial \varnothing}{\partial PE}$ > $-\frac{\partial X}{\partial RPE}\frac{\partial RPE}{\partial PE}$ 时,也有 $\frac{\partial X}{\partial PE}$ >0,即国内能源价格上涨导致的技术进步使得出口增加的幅度大于国内能源价格上涨导致的出口下降的幅度,因此,出口仍然增加。结合实际数据来看,2000 年来,国外的能源价格上涨的幅度都要大于国内能源价格上涨的幅度,因此,尽管中国国内的能源价格作为出口商品的重要成本组成部分在增加,但是相对于国外的商品来讲仍然具有价格优势,因此,中国的商品出口在国内能源价格上涨的背景下依然保持快速的增长趋势。

三、实证分析

本节的数据主要有出口量(EX)、全要素生产率(TFP)以及国内外相对能源价格(RPE),研究时间跨度为 1989 年到 2014 年,其中商品出口量数据来源于中经网统计数据库;国内外相对能源价格中,为选择最能代表终端能源消费价格走势的指标,中国的能源价格选择工业生产者燃料、动力类购进价格指数(上年=100),并将其处理为年度环比数据,数据来自中经网统计数据库。国外能源价格变化水平采用国际能源商品价格指数衡量,其中包含原油、天然气和煤炭价格,并将月度数据转化为年度数据,数据来源于 IMF 数据库中的 Primary Commodity Prices,选择其中的国际原油价格来衡量国际能源价格,将原来的月度数据进行 12 个月平均获取年度数据。全要素生产率数据 1989—2007 年来源于谢申祥等(2009)计算所得的结果,2008—2014 年数据为参考其方法估算得出。根据理论分析的结果可以构建以下计量方程:

$$\ln EX_t = \beta_0 + \beta_1 \ln TFP_t + \beta_2 \ln \left(\frac{P_E}{P_E'} \right)_t + U_t$$

其中,EX_t 为 t 期中国的出口量;TFP_t 为 t 期国内全要素生产率;$\left(\frac{P_E}{P_E'} \right)_t$ 为 t 期国内外能源相对价格之比,简写为 RPE_t;U_t 为随机误差项,其均值为 0,方差为常数。根据理论推理可得,EX_t 为 TFP 的增函数和国内外能源相对价格比的减函数,三者之间的关系可以用对数线性关系来表示。对 lnEX、lnTFP 和 lnRPE 进行单位根检验,得到如表 5.1 结果:

表 5.1　数据平稳性检验结果

变　量	ADF	P 值	稳定性
lnEX	−1.603	0.7912	不稳定
DlnEX	−3.790*	0.0171	平　稳
lnTFP	−0.706	0.9727	不平稳
DlnTFP	−6.571*	0.0000	平　稳

续表

变　量	ADF	P 值	稳定性
lnRPE	−1.603	0.7912	不平稳
DlnRPE	−3.790*	0.0171	平　稳

注：* 表明 5% 的水平上显著。

由表 5.1 可知，所有变量 ADF 值小于各个临界值，因而它们均为不稳定序列；而变量的一阶差分的 ADF 值大于 5% 的显著性水平下的临界值，因而是稳定的，全部变量均为 I(1) 阶单整的变量，符合协整检验的前提条件。可以对三个变量进行 Johansen 协整检验，检验结果如表 5.2。

表 5.2　LEX、LTFP 和 LRPE 之间协整关系

maximum rank	parms	LL	eigenvalue	trace statistics	5% critical value
0	3	361.4075	.	27.8788*	29.68
1	8	373.504	0.62005	3.6857	15.41
2	11	375.3469	0.13708	0	3.76
3	12	375.3469	0		

注：* 表明协整方程的个数。

由表 5.2 可知，这三个变量之间不存在协整关系。下面我们引入国内外能源相对价格之比 RPE 的滞后一期，即 LAGRPE，来判断三者之间是否存在协整关系。因为，能源商品属于大宗商品，当期的价格可能对当期的出口量的影响不明显，但是，对下一期的影响会比较显著。首先我们对 LAGRPE 取对数并进行单位根检验。

下面我们对出口量的滞后一期和 TFP 以及 RPT 的关系进行检验。对 lnLAGLEX、lnTFP 和 lnRPE 进行单位根检验，得到如表 5.3 结果：

表 5.3　数据平稳性检验结果

变　量	ADF	P 值	稳定性
lnLAGRPE	−1.799	0.7053	不稳定
DlnLAGLEX	−3.701	0.0223*	平　稳

注：* 表明 5% 的水平上显著。

由表 5.3 和表 5.1 可知，lnEX、lnLAGRPE 和 lnTFP 均为 I(1)阶单整的变量，符合协整检验的前提条件。可以对三个变量进行 Johansen 协整检验，检验结果如表 5.4：

表 5.4 **lnLAGLEX、lnTFP 和 lnRPE 之间协整关系**

maximum rank	parms	LL	eigenvalue	trace statistics	5% critical value
0	3	82.721526	.	303.1019	29.68
1	8	227.56662	0.99999	13.4119*	15.41
2	11	232.05738	0.31218	4.4304	3.76
3	12	234.27256	0.16856		

* 表明协整方程的个数。

由表 5.4 可知，lnEX、lnTFP 和 lnLAGRPE 之间存在协整关系，运用 STATA 可以得到三者之间的协整关系为：

$$lnEX = 7.534468 + 2.407503lnTFP - 0.3726577lnLAGRPE$$

$$(69.35) \qquad (3.98) \qquad\qquad (-2.57)$$

R-squared＝0.9916，Adjusted R-squared＝0.9909

从上面的实证结果可知，出口量对全要素生产率变化的弹性为 2.4，对相对能源价格变化的弹性为－0.4，t 值显著，与理论分析结论一致。

为了更形象地说明 lnEX、lnTFP 以及 lnRPE 之间的动态关系，下面将利用 Sims 提出的基于 VAR 模型的脉冲响应函数来分析其动态关系。脉冲响应函数反映的是来自随机扰动项的一个标准差大小的信息冲击对变量当前和未来值的影响，它可以刻画出变量之间动态关系的路径变化。图 5.4 为基于 VAR(3)采用正交化方法和 Choesky 分解技术模拟的脉冲响应函数图，滞后期设定为 10 年。

由图 5.4 可见，全要素生产率对出口的影响开始是正的，到第二年变成负的，原因可能是由于全要素生产率的提高要求更换生产设备或者提高生产技术，这些都要求企业短时间内的大量投资，因此，会产生短时间的负效应，在第三年以后又变为正，而且该效应到第四年最大，之后一直保持正的影响。而相

Response of ln*EX* to ln*TFP*　　　　　　Response of ln*EX* to ln*RPE*

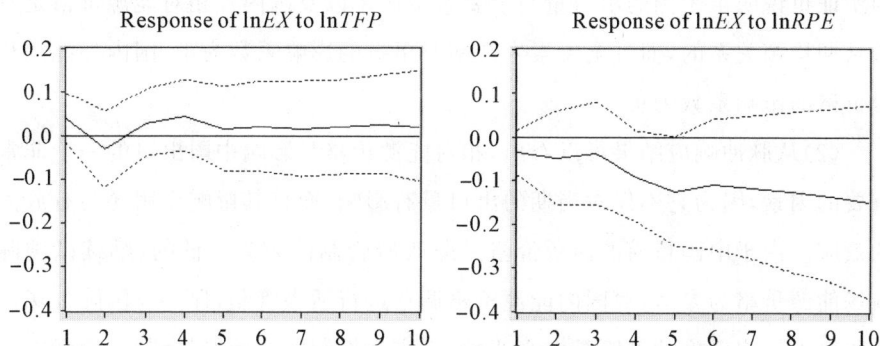

图 5.4　ln*EX* 分别与 ln*TFP*、ln*RPE* 之间脉冲响应函数图

对能源价格对出口的影响为负的,而且影响越来越放大,原因在于,中国的能源价格并非市场决定,一般情况下只涨不跌,因此,t 期相对能源价格的上涨不仅对本期的出口造成负面影响,而且会对以后的出口造成负面影响,而且这种影响是放大的。但是,尽管中国的能源价格处于上升的状态,但是,国外的能源价格也处于上升的状态,而且就本书的数据而言,国外的能源价格上涨的幅度要大于国内的能源价格上涨幅度,因此,实际上国内外相对能源价格是下降的,从而产生了对中国出口促进的作用。

四、研究结论

(1)从实际数据来看,中国的出口量与中国的能源价格都处于上升趋势,由于中国的能源价格是出口价格的重要成本,因此出现这一趋势有悖常理。本节理论部分从技术进步与国内外能源相对价格两个角度解释了为什么会出现这种有悖常理的情况,本节将中国能源价格的上涨对出口的效应分解成了两个因素,一是中国能源价格的上涨会促进技术进步,从而提高全要素生产率,进而促进出口;二是中国能源价格的上涨到底对中国的出口是正面的影响还是负面的影响还取决于国外能源价格的变化情况,由于国内外能源价格都在上涨,但是国外的能源价格上涨的幅度远大于国内,因此,国内外相对能源价格是下降的,从而使商品出口比较优势增强,中国的出口量是上升的。本节的实证也说明了中国的出口量与全要素生产率以及国内外相对能源价格是具有长期均衡关系的,而且全要素生产率对出口的影响系数为正,国内外能源相对价格的影响系数为负。

(2)从脉冲响应结果可以看出,相对能源价格是影响中国出口的一个非常重要的因素,因为它不仅对当期的出口量有影响,而且其影响作用还会有放大的效应。由于中国目前的能源价格是受政府管制而人为压低的,继续以国际市场能源价格为参考,对国内能源价格调整进行适当管制,保持与国际市场能源价格上涨率适度的差距是有必要的,可实现控制能源消费的同时,增强本国商品的出口比较优势,促进出口增长。

(3)从当前能源约束越来越紧的现状来看,保持能源价格的低上涨率获取商品出口上的优势不具有经济性,能源通过"内涵能源"的形式"出口流失"当引起政策的关注。由于能源尤其是化石能源是不可再生的,中国要吸取发达国家的教训,及早有意识地进行出口结构的转型,因此,要促进能源价格市场化改革,并在能源价格市场化的基础上,对能源征收可持续发展的税费,从而缩小国内外能源价格的差距,以保证经济的可持续发展。长期内要保持中国的出口比较优势,并实现出口结构升级,依然需要从技术进步角度提供政策支持。

第三节 国内外能源相对价格对出口贸易结构的影响机理分析

一、相关文献综述

目前前人的研究中有少量文献涉及能源价格与出口贸易及其结构的关系,如胡宗义、蔡文彬和陈浩(2008)将能源替代模块和能源强度指标纳入中国CGE模型—MCHUGE模型,研究提高能源价格对能源强度和经济增长的影响,结果表明提高能源价格导致出口下降。Faria 等(2009)从油价上涨与中国出口总额扩大这一违背常理的现象出发,将技术进步作为外生变量,认为中国劳动力供给过剩导致油价上涨时,中国出口竞争优势不降反升。陈刚和余燕春(2008)从能源价格的角度出发,在定义能源约束量化指标的基础上,建立了能源约束对出口贸易结构影响的动态计量模型,结果表明短期内,能源约束通过直接的价格冲击和间接的生产要素转移,带动贸易结构的优化;从长期看,能源约束对出口贸易结构的调整方向具有不确定性。邵朝对(2012)利用与进出口价格相关联的投入产出模型,计算模拟了国际能源价格冲击对中国贸易结构的传递效应。

通过上述文献梳理可知,一方面现有的研究主要集中在封闭情形下,能源价格对一国贸易的影响,未能结合国际能源和国内能源价格差异这一现象的存在来思考开放情形下,能源相对价格对一国贸易的影响;另一方面,现有的研究主要是集中在贸易发展的某一角度的影响,考察能源价格波动对一国出口贸易结构的影响情形的文献还比较有限。

二、理论模型构建及分析

首先建立一个包含能源要素的 C-D 生产函数,其中资本为 K,劳动为 L,能源为 E,相应的产出为:

$$Y = K^{\alpha} L^{\beta} E^{\gamma} \tag{5.5}$$

式中资本、劳动力和能源共同构成商品生产不可或缺的三大要素,根据(5.5)式,总成本可写成:

$$C = K P_K + L P_L + E P_E \tag{5.6}$$

其中,P_K、P_L 和 P_E 分别代表资本、劳动力和能源的价格。则单位商品的生产成本 c 可表示为:

$$c = \frac{C}{Y} = \frac{K}{Y} P_K + \frac{L}{Y} P_L + \frac{E}{Y} P_E \tag{5.7}$$

由(5.7)式不难看出,单位商品的生产成本受到$\frac{E}{Y}$和P_E的影响,前者是生产商品的能源强度,后者即是能源价格。商品的单位价格等于单位成本加上利润q:

$$p = c + q \tag{5.8}$$

假设一国同时生产并出口两类产品,为高能耗商品 A 和低能耗商品 B,二者在生产过程中的能源消耗不同,即能源强度存在差异。结合(5.7)式和(5.8)式可知,封闭情形下的一国商品的国际竞争力同时受到该商品的能源强度大小和能源价格高低的影响。同样,国际市场上同类商品的竞争力也受到这两个因素的影响,假设国际市场上同类商品的平均价格水平为$\overline{P}$,且国内能源价格水平为P_E^d,国际市场能源价格水平为P_E^f,则依据上述的分析,易得:

$$p_A = f\left(\frac{E_A^d}{Y_A^d}, P_E^d \cdots\right) \tag{5.9}$$

$$p_B = f\left(\frac{E_B^d}{Y_B^d}, P_E^d \cdots\right) \tag{5.10}$$

p_A 为 A 商品国内价格,p_B 为 B 商品国内价格,假设 $\overline{P}_A$ 为国际市场 A 商品的平均价格水平,$\overline{P}_B$ 为国际市场 B 商品的平均价格水平,同理可得:

$$\overline{P}_A = f\left(\frac{E_A^f}{Y_A^f}, P_E^f \cdots\right) \tag{5.11}$$

$$\overline{P}_B = f\left(\frac{E_B^f}{Y_B^f}, P_E^f \cdots\right) \tag{5.12}$$

综合(5.7)和(5.8)式,不难发现:

$$\frac{\partial p}{\partial P_E^d} > 0 \tag{5.13}$$

$$\frac{\partial \overline{P}}{\partial P_E^f} > 0 \tag{5.14}$$

依据迪克西特—斯蒂格利茨(D-S)模型的假设,实际的出口商品市场更加接近一个垄断竞争状态,我们基于该模型的研究结论,得出:

$$EX_A = f\left(\frac{p_A}{P_A}\right) \tag{5.15}$$

$$EX_B = f\left(\frac{p_B}{P_B}\right) \tag{5.16}$$

综合(5.9)~(5.16)式,可以得到:

$$EX_A = f\left(\frac{E_A^d}{Y_A^d}, \frac{E_A^f}{Y_A^f}, \frac{P_E^d}{P_E^f} \cdots\right) \tag{5.17}$$

$$EX_B = f\left(\frac{E_B^d}{Y_B^d}, \frac{E_B^f}{Y_B^f}, \frac{P_E^d}{P_E^f} \cdots\right) \tag{5.18}$$

接下来,我们用 $EX_{\frac{A}{B}}$ 表示该国 A 商品和 B 商品的出口量之比,以衡量一国出口结构的变化。综合(5.17)和(5.18)式,并为简化分析的需要,我们忽略国际市场能源强度的变化,我们可以得到以下的关系:

$$EX_{\frac{A}{B}} = f\left(\frac{E_A^d}{Y_A^d}, \frac{E_B^d}{Y_B^d}, \frac{P_E^d}{P_E^f} \cdots\right) \tag{5.19}$$

依据前人研究的结论,能源价格是能源强度变化的直接原因之一,且能源价格上涨促进能源强度降低(杭雷鸣等,2005)。不同的行业由于受到各种影响节能技术改进的因素约束,实际能源强度降低的幅度存在一定的差异,即能源价格变化对不同行业的节能技术改进的促进力度不同。即有:

$$\frac{\partial \frac{E}{Y}}{\partial P_E^d} < 0 \tag{5.20}$$

但是有:

$$\frac{\partial \frac{E_A^d}{Y_A^d}}{\partial P_E^d} \neq \frac{\partial \frac{E_B^d}{Y_B^d}}{\partial P_E^d} \tag{5.21}$$

由以上分析可知,按照我们的假设模式,国内能源价格通过两个途径来影响一国的出口贸易结构,一方面其通过影响一国不同出口行业的节能技术改进,对出口产生差异化的影响,我们将国内能源价格对节能技术的影响定义为能源技术效应;另一方面,其通过与国际能源价格的相对差异的波动,对一国不同行业的出口产生差异化的影响,我们将国际能源价格与国内能源价格的相对变化带来的影响定义为能源价格变化带来的能源成本效应。可以得出一个一般性的结论:国内能源价格一方面通过促进不同出口行业进行节能技术改进,实现能源使用效率提升,降低行业生产成本,另一方面通过与国外能源价格的差异变化带来的成本效应影响不同行业的出口规模,二者对一国的出口贸易结构产生综合影响和冲击。相对而言,能源密集型产品的节能空间和潜力较大,能源成本效应更加明显,在同等的外界条件下,国内外能源绝对价格持续上涨,国内能源价格增长幅度小于国际能源价格增长幅度,这样的能源相对价格的走势更加有利于能源密集型产品的出口,也会使出口结构进一步能源密集化。

三、现象统计描述

根据上述的理论机理分析,不难发现,国内外能源相对价格的走势差异直接影响到国内能源密集型产品的出口,鉴于目前部分变量的设置和数据处理的难度,本节暂时先不做全面的实证分析,只对实际的经济现象进行统计描述,以佐证上述的结论。

表 5.8　部分能源密集型商品出口量动态增长表

出口高能耗商品	2006	2007	2008	2009	2010	2011	2012	2013
水泥(万吨)	3 613	3 301	2 604	1 561	1 616	1 061	1 200	1 454
平板玻璃(万平米)	26 433	30 917	27 762	16 643	17 398	18 726	17 632	19 506
钢材(万吨)	4 301	6 265	5 923	2 460	4 256	4 888	5 573	6 233
铜材(万吨)	56	50	52	46	51	50	49	48
纸及纸板(万吨)	305	422	361	362	380	450	471	565

资料来源:中国能源统计年鉴 2014

首先,我们描述国内外能源相对价格走势的节点。从图 4.2 可以看出,国内外能源相对价格走势差异的重要节点为 2008—2009 年间,在 2008 年之前阶段,国内能源价格上涨幅度均小于国际能源价格上涨幅度,而在 2009 年之后,同样国内能源价格的上涨幅度小于国际能源价格上涨幅度,唯有 2008 年至 2009 年之间这段时期,国际能源价格大幅快速回落,而国内能源价格则因中国能源价格的特殊调节机制,实现了平缓的下跌走势,相对于国际能源价格的下跌速度较小。

其次,我们对部分高能耗行业的出口情况进行分析发现,2008—2009 年间,出现了与上述理论推导相接近的经济现象。从表 5.9 的数据看出,几乎所有的高能耗产品的出口在 2009 年都出现大幅度的下滑现象,而相对应于国内外能源相对价格的走势,2008 年之前和 2009 年之后都呈现出稳定上涨的走势,基本与其相一致。从这一现象来看,上述理论推导的结论基本成立。

第四节　能源相对价格与中国出口比较优势变迁

一、理论分析

借鉴参考曹慧平和陈清萍(2011)的思路,为简化分析,假设有两个国家 A 和 B,生产两种产品 X 和 Y,产品 X 在生产过程中需要大量的能源投入,产品 Y 则不需要(为分析的需要,我们忽略此类产品生产过程中较少的能源投入)。产品 X 在生产过程中使用三种生产要素:资本 K、劳动 L 和能源 E,能源则被当作生产要素之一进入分析框架。产品 Y 在生产过程中只使用两种基本生产要素:资本 K 和劳动 L。同时也假定,消费过程中不需要能源投入。

假定两种产品 X 和 Y 规模报酬不变,生产函数都是递增且严格凹函数:

$$x = F(K_X, L_X, E) \tag{5.22}$$

$$y = H(K_Y, L_Y) \tag{5.23}$$

假设企业每投入一单位能源要素的成本是 τ，则 $F_E(K_X, L_X, E) = \tau$，即能源要素的边际产出等于其边际成本。τ 值越小，代表能源价格管制越严格。资本和劳动的价格分别是 r 和 w，则产出 x 的总成本可以表示为：

$$C = c(r, w) \cdot x \tag{5.24}$$

其中，c 为单位成本函数。

假设生产要素不完全流动，借鉴 McGuire(1982)中设定的单位成本函数形式：

$$c(r, w) = f(\tau)g(r, w) + h(\tau) \tag{5.25}$$

由谢波特引理(Shepard's lemma)：

$$K = \frac{\partial c(r, w)}{\partial r} = f(\tau)\frac{\partial g}{\partial r} \tag{5.26}$$

$$L = \frac{\partial c(r, w)}{\partial w} = f(\tau)\frac{\partial g}{\partial w} \tag{5.27}$$

由上式可以知道，资本劳动比(K/L)只与资本和劳动的要素价格有关，而与能源要素的成本 $f(\tau)$ 没有任何关系。因此，对于相同的劳动与资本投入，如果实行严格的能源价格管制政策，该国 X 产业的产出就会增加，因此其产出公式可以表示成：

$$x = f(\tau)F(K, L) \tag{5.28}$$

X 产出的变化会使产品的相对价格发生改变，相应的贸易模式随之也可能发生改变。如图 5.4 所示，A 国 I 曲线是实行严格的能源价格管制政策时的生产可能性曲线，生产点是 Q，消费点是 C，出口 X，进口 Y，在能源密集型商品 X 上具有比较优势，II 曲线是能源价格控制机制下的生产可能性曲线，因为实行严格的能源消费控制后，能源要素成本上升，X 产出下降，生产可能性曲线内移，生产点是 Q^*，消费点是 C^*，出口 Y，进口 X，此时 A 国在商品 Y 上具有比较优势。

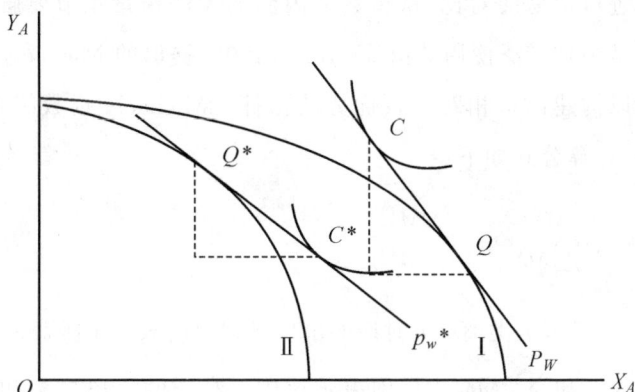

图 5.4　能源价格管制与比较优势形成

该结论拓展了传统要素禀赋学说：政策的干预会改变一国天生的要素禀赋，能源价格管制的国家在能源密集型商品上具有比较优势，反之则反是。

二、实证分析

(一)指标构建、数据处理及来源

林伯强等(2009)采取中国人民银行季报所公布的煤油电的价格指数代表能源价格变动。考虑综合评价国内能源价格变动的科学性和月度数据分析的需要，本书亦采用煤油电价格指数作为衡量国内能源价格变动的指标，并参考林伯强等(2009)的处理方法进行处理，将其转化为月度环比数据。国际能源商品价格指数衡量国际市场上的能源价格变化水平，其中包含原油、天然气和煤炭价格，数据来源于 IMF 数据库中的 Primary Commodity Prices。数据区间为 1999 年 1 月至 2008 年 9 月。

由于难以获取一国封闭情形下的国内价格数据(Balassa,1989)，因此直接衡量一国出口相对比较优势存在诸多困难。Balassa(1965)提出了显性比较优势指数 RCA (Revealed Comparative Advantage)，并在经验分析文献中被广泛引用。但是正如 Greenaway and Milner (1993)和近年来一些学者指出的那样，Balassa 指数可能存在度量偏差，尤其是该指数只考虑了出口情况，而忽略了与进口贸易的对比,从指数的内涵上无法衡量本节要解释的指标。借鉴目前文献中较广泛使用的由 Vollrath(1991)提出的 Michaely 指数思想,并进行拓展以构建出口相对比较优势的指标。Michaely 指数综合考虑了进出口的因素,计算公式如下:

$$MI_{jt} = \frac{MX_{jt}}{\sum MX_{jt}} - \frac{MM_{jt}}{\sum MM_{jt}} \tag{5.29}$$

其中 MX_{jt} 表示 j 类商品 t 时期的出口额,MM_{jt} 表示 j 类商品 t 时期的进口额,$\sum MX_{jt}$ 和 $\sum MM_{jt}$ 分别表示该国 t 时期的总出口额和总进口额。MI 指数的变动幅度为 $[-1,1]$,正数表示该行业在贸易中具有绝对比较优势,负数表示比较劣势。根据本节分析的需要,将此指标结合相对的概念,很容易构建出一国出口相对比较优势的指标 $ERCA$(Export Relative Comparative Advantage),将 MI_{jt} 中的 j 设定为资本(能源)密集型 K 和劳动密集型 L 两类,用二者差的值反映其变化趋势,则有 t 时期一国资本(能源)密集型产品和劳动密集型产品出口相对比较优势指标如下:

$$ERCA_t = MI_{kt} - MI_{lt} \tag{5.30}$$

k 用进出口商品 HS 分类法第 16 类机器、机械器具、电气设备及其零件、录音机及放声机、电视图像、声音的录制和重放设备及其零件、附件和第 17 类车辆、航空器、船舶及有关运输设备之和表示;L 用第 11 类商品纺织原料及纺织制品表示。所有进出口数据均来自中经网统计数据库海关月度库,人民币实际有效汇率数据来源于国际清算银行数据库。鉴于部分数据的可得性,研究时期跨度为 1999 年 1 月至 2008 年 9 月。(考虑到实证研究的目标,此研究区间的选择已经能说明相应的问题,故未对相关数据更新。)

(二)实证估计及结果分析

1.实证模型

本节主要研究国内外能源相对价格对中国商品出口行业间相对比较优势的影响,而人民币实际有效汇率的波动对出口结构也会产生冲击和影响(王宇

雯,2009),将其作为控制变量纳入模型进行分析。将进行估计的计量模型写作:

$$\ln ERCA_t = c + \gamma_1 \ln X_t + \gamma_2 \ln ER_t + u_t$$

其中 $ERCA_t$ 分别代表 t 时期本国资本密集型对劳动密集型商品的出口相对比较优势,X_t 代表 t 时期国内外能源价格上涨幅度的差,ER_t 代表人民币实际有效汇率,γ_1 和 γ_2 为待估系数,c 为常数项,u_t 为扰动项。

2.实证分析

(1)数据的平稳性检验

本书使用 EViews6.0 计量软件处理相关数据。对相关数据平稳性检验结果如表 5.4 所示:

表 5.4　数据平稳性检验结果

变量	检验形式(c,t,k)	ADF 值	1%临界值	5%临界值	检验结论
$\ln X$	$c,t,0$	-1.364	-4.040	-3.449	不平稳
$\ln ER$	$c,n,2$	-1.453	-3.488	-2.887	不平稳
$\ln ERCA$	$0,n,0$	-1.444	-2.585	-1.944	不平稳
$d\ln X$	$0,n,1$	-7.343	-2.585	-1.944	平稳
$d\ln ER$	$c,t,1$	-11.586	-4.040	-3.449	平稳
$d\ln ERCA$	$c,n,1$	-13.287	-3.488	-2.887	平稳

注:其中 c、t、k 分别表示常数项、时间项和滞后项;n 表示不存在该项;d 表示一阶差根据 AIC 最小原则确定滞后项数。

由表 5.4 可知,所有变量 ADF 值大于各个临界值,因而它们均为不稳定序列;而变量的一阶差分的 ADF 值小于 5% 的显著性水平下的临界值,因而是稳定的,全部变量均为 I(1)阶单整的变量,符合协整检验的前提条件。

(2)协整检验

本书采用 J-J 方法检验方程中三个变量之间的协整关系,检验结果如表 5.5 所示:

表 5.5 ln$ERCA$ 与 ln$X$、lnER 之间协整关系

零假设	特征值	迹统计量	5%临界值	P 值
None*	0.287154	53.92795	42.91525	0.0028
At most 1	0.103240	16.01714	25.87211	0.4912
At most 2	0.033470	3.812841	12.51798	0.7690

由表 5.5 可知,在 5% 的置信水平下,当零假设为 $r=0$ 时,迹统计量为 53.92795,大于 42.91525 的临界值,因此拒绝该零假设;而零假设为 $r=1$、2 时,迹统计量小于临界值,因此接受零假设,ln$ERCA$ 与 ln$X$ 、lnER 之间存在长期协整关系。

(3)方程的确定

运用 EViews 6.0 软件,得到回归方程为:

$$\ln ERCA = 1.506327 + 0.134362 \ln X - 0.37561 \ln ER$$

$$(16.11528) \quad (-4.92321)$$

$$R^2 - 0.76, \text{adjusted } R^2 - 0.75 \quad SE - 0.041 \quad DW - 0.79$$

但上式中的 DW 值太小,存在自回归,方程右边加入 AR(1)项,重新估计得到最终方程为:

$$\ln ERCA = 0.408973 + 0.100676 \ln X - 0.13604 \ln ER + 0.726816 AR(1)$$

$$(4.406331) \quad (-0.88935) \quad (8.903409)$$

$$R^2 = 0.85, \text{adjusted } R^2 = 0.84 \quad SE = 0.0326 \quad DW = 2.02$$

由上式可知,实际有效汇率水平对出口相对比较优势的影响并不显著,国内外能源价格上涨幅度差异是影响中国出口相对比较优势的主要因素,ln$X$ 的系数为 0.100676,为正向影响,t 值显著。

(4)格兰杰因果分析(表 5.6)

表 5.6 ln $ERCA$ 与 ln X 之间因果关系

零假设	样本数	F 统计值	P 值
ln$X$ does not Granger Cause ln$ERCA$	116	9.02438	0.00328
ln$ERCA$ does not Granger Cause ln$X$	116	8.68921	0.00389

因果分析的结果表明,lnERCA 和 lnX 之间互为因果关系,F 统计值都显著,国外的能源价格上涨幅度高于国内的现象有利于增强本国资本密集型商品的出口比较优势,进而导致国内劳动力向资本密集型行业流动,削弱劳动密集型行业出口比较优势,使资本密集型行业相对劳动密集型行业的出口比较优势增强。另外,由于中国一直是石油的净进口国,当本国出口结构改善后,进一步加大对国际能源市场的能源需求,拉升国际能源价格,在本国能源价格一直受管制的背景下,国内外能源价格上涨幅度差异进一步被扩大。

三、结论及政策启示

实证研究得到的结果:1999 年 1 月至 2008 年 9 月研究区间里,国内外能源价格上涨幅度差与中国资本密集型行业同劳动密集型的相对出口比较优势之间存在协整关系,且价格差增加 1‰时,两行业间相对比较优势增加 0.100676％。人民币实际汇率的变动对两行业间相对比较优势影响不显著;格兰杰因果分析的结论认为,二者之间互为因果关系。中国的能源价格管制政策使国内能源价格上涨幅度与同期国际市场之间存在一定差异,由于能源是商品生产的重要要素,国内能源价格上涨幅度低于国际市场的情况下,有利于增强本国资本密集型商品的出口比较优势,进而导致国内劳动力行业间流动,削弱劳动密集型行业出口比较优势,使资本密集型行业相对劳动密集型行业的出口比较优势增强,根据李嘉图理论的结论,这样会进一步影响出口贸易分工,有助于中国的出口结构升级。

根据研究的结论,提出两点政策启示:

第一,目前的能源价格管制政策对中国资本密集型商品的出口比较优势的增强,以及劳动密集型向资本密集型出口结构的升级具有一定的积极作用,继续保持以国际市场能源价格为参考,对国内能源价格调整进行适当管制,保持与国际市场能源价格上涨幅度适度的差距是有必要的,可实现能源价格上涨控制能源消费的同时,增强资本密集型商品出口比较优势,改善出口结构。

第二,从当前能源约束越来越紧的现状来看,保持能源价格的低上涨幅度获取的商品出口上优势不具有经济性,对能源通过"内涵能源"形式的"出口流失"当引起政策的关注。长期中要保持中国的出口比较优势,并实现出口结构升级,依然需从技术进步角度提供政策保障。出口结构的升级还需要劳动力市场中充分流动性的支持,即加强普通劳动力的技术培训,提升劳动力的素质,拓宽劳动力的行业间流动渠道是顺利实现出口结构升级的保证。

本章小结

中国在能源价格管理上的特殊机制使国内并不具备能源要素优势的情况下,与国际能源价格相比,无论在绝对价格比较上还是动态的相对价格上都保持了一定的差距,也因此在资本(能源)密集型商品出口上形成了优势,中国的出口规模近年来持续增长与此不无关系,出口结构从劳动密集型向资本(能源)密集型的升级也跟这一能源管理模式有关,理论和实证的研究都证实了这一点。但是随着出口贸易的发展和国民经济的增长,国内能源领域的问题和矛盾不断暴露出来,现行的能源价格机制下形成的国内外能源相对价格差距现象是否在协调能源领域问题与出口贸易发展问题上出现了低效率值得反思,下一章将就此展开论述。

国内外能源相对价格与中国出口贸易发展困境

第六章

从上一章的分析来看,中国能源价格机制的选择使能源要素成本保持在一个相对较低的位置,与国际能源价格相比,无论是绝对还是相对的价格都具有一定的要素"禀赋"优势。这一政策的选择在很大程度上促进了中国出口贸易规模的快速增长,也对中国出口商品结构的升级做出了贡献。当前能源价格机制是否依然适应中国的国情需要?伴随着中国能源消费和碳排放等问题日益受到重视,能源价格管制下的低价能源在协调节能减排和促进出口贸易发展上是否存在内在的战略困境?出口贸易的可持续发展问题是否面临新的挑战?这些问题都值得我们进一步探索。

第一节　能源价格、出口贸易与能源消费之间的内在关系

一、中国现实能源消费与碳排放的约束

首先,相对世界其他国家而言,中国在化石能源资源的储量上算是比较丰裕的。尤其是煤炭,其剩余探明可采储量约占世界的 13%,居于世界第三位。目前已探明的石油、天然气资源储量相对不足,但是油页岩、煤层气等非常规化石能源储量潜力较大。同时,中国拥有较为丰富的可再生能源资源。水力资源理论蕴藏量折合年发电量为 6.19 万亿 kWh,经济可开发年发电量约 1.76 万亿 kWh,相当于世界水力资源量的 12%,列世界首位。其次,中国人口众

多,人均能源资源拥有量在世界上处于较低水平。煤炭和水力资源人均拥有量相当于世界平均水平的50%,石油、天然气人均资源量仅为世界平均水平的1/15左右(刘刚等,2008)。

与此同时,从能源消费方面看,早在2002年,中国能源消费已位列全球第二,仅次于美国。根据中国官方发布的《统计摘要(2010年)》的数据显示,2009年中国的能源消费大约为30.66亿吨标准煤,这个数字经过转换成国际通用的以石油为主要能源的标准油当量体系后相当于21.46亿吨标准油,同期国际能源署给出的数据是32.2亿吨标准煤、22.52亿吨标准油,使中国能源消耗总量第一次"被第一",尽管当时这是一个颇有争议的结论,然而近期据中国能源研究会最新公布的数据,2010年中国一次能源消费量为32.5亿吨标准煤,同比增长了6%,成了名副其实的世界第一能源消费大国。相比之下,2010年日本的能源消费总量是6.6亿吨标准煤,而德国能源消费只有4.4亿吨标准煤。与此同时,中国的能源效率仍偏低,是美国的1/3、日本的1/5,到2013年,中国总的能源消费量为37.5亿吨标准煤。从能源供给角度来看,根据国家能源局和国家统计局的统计数据显示,2013年全国一次能源生产总量为34亿吨标准煤,比上年增长不到3%,增幅持续下降,在这种产量增幅下降,消费量增幅上升的情况下,能源供需缺口由2008年的3亿吨标准煤上升到2013年的3.5亿吨标准煤,能源供求关系全面紧张(见表6.1)。

表6.1 2003—2013年中国能源缺口量

单位:万吨标准煤

年份	能源消费总量	能源生产总量	能源缺口
2003	183 792	171 906	−11 886
2004	213 456	196 648	−16 808
2005	235 997	216 219	−19 778
2006	258 676	232 167	−26 509
2007	280 508	247 279	−33 229
2008	291 448	260 552	−30 896
2009	306 647	274 619	−32 028

续表

年份	能源消费总量	能源生产总量	能源缺口
2010	324 939	296 916	−28 023
2011	348 002	317 987	−30 015
2012	361 732	331 848	−29 884
2013	375 000	340 000	−35 000

数据来源:根据《中国能源统计年鉴》计算所得。

根据海关总署公布的数据,最近十年以来,我国每年的石油进口量快速增长,从2000年的9 749万吨上涨到2013年的28 200万吨,平均每年增长率达到15%,大大超过同期的GDP增长率。由此导致我国的石油对外依存度不断攀升(图6.1)。2003年我国的石油对外依存度只有33.6%,然而到了2013年,我国的石油对外依存度已经达到了58.5%。这十年来我国石油对外依存度平均每年提升3个百分点,而这一趋势在较长一段时期内都难以改变。而作为全球最大的煤炭生产国,2009年中国第一次出现煤炭进口大于出口的现象。据国家能源局的数据,截止到2008年,中国一直是煤炭净出口国,但是,其净出口量在逐年下降,2009年中国累计进口煤炭1.26亿吨,比上年增长211.9%;出口2 240万吨,下降50.7%;全年净进口煤炭1.03亿吨,第一次成为煤炭净进口国。近年来,虽然幅度增长有所减缓,但是进口规模持续扩大。尽管日、韩等国的石油对外依存度都超过了90%,作为全球第三大产油国的美国,原油依存度也高达60%以上,但这些国家的经济发展对能源的依赖比较弱。相比之下,中国经济正处于重工业化时期,GDP的增长主要依赖能源以及其他资源要素的投入。而且,与美、日等国能源消费早已达到巅峰不同,中国未来的增量需求非常大,但国内石油产量却已过高峰。这意味着,中国经济的成长受制于能源供给,中国能源对外依存度肯定会超过美国。2008年年底获批的《全国矿产资源规划》曾预测,到2020年,中国原油对外依存度将提高到60%;2009年发布的"能源蓝皮书"则预测,10年后中国原油对外依存度将高达64.5%。中国能源不仅对外依存度越来越高,经济发展对能源的依赖度也相对发达国家较高,使得中国能源安全存在很大的风险。

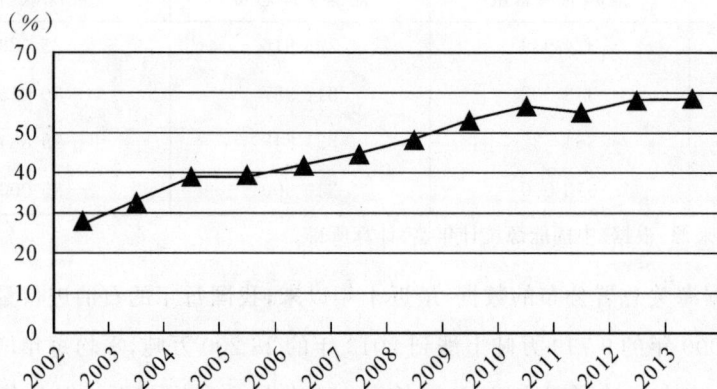

图 6.1　2002—2013 年中国石油对外依存度

数据来源:国家统计局统计年鉴。

中国的碳排放总量随着经济的高速发展不断攀升。按照相关学者测算的结果来看,中国在过去的十几年里的碳排放持续增长,尤其是近年来其增速有所加快。作为人类社会面临的共同挑战,气候变化问题已经成为当前国际社会高度关注的全球问题。自 1997 年《京都议定书》的签订及 2007 年巴厘行动路线图的达成,实施碳排放减排已渐成为诸国共识。虽然 2009 年哥本哈根会议未达成预期目标,但各国在应付温室气体上的行动早已开始。就目前的形势看,碳排放约束问题必将成为未来约束世界各国经济发展与行为的新准则。中国在应对气候变化的政府行动上就反映了其已经将碳排放问题放到了战略的高度。1990 年中国就设立了国家气候变化协调小组;并于 1998 年签署、2002 年批准了《联合国气候变化框架公约》和《京都议定书》;在"九五"计划、"十五"计划和"十一五"规划中都把降低能耗和主要污染物排放作为重要指标;2006 年 12 月发布了中国第一部《气候变化国家评估报告》;2007 年 4 月成立了国务院节能减排工作领导小组和国家应对气候变化工作领导小组;2009 年 11 月 26 日公布了中国碳排放强度的具体指标:到 2020 年中国单位国内生产总值二氧化碳排放比 2005 年下降 40%~45%,并将其作为约束性指标纳入国民经济和社会发展中长期规划中;"十二五"国家规划中也已将碳排放强度目标作为社会发展的约束性指标纳入考核体系,未来的经济发展必须考虑这一约束前提。

二、"能源价格—出口贸易—能源消费—碳排放"的机理路径

结合上文和上一章的研究结论,能源价格一方面影响出口贸易的规模与结构调整,进而影响到一国的能源消费与碳排放(从根本上而言,"碳排放"的总量受能源消费总量和能源消费结构的影响,研究者在研究"碳排放"与贸易问题的时候,可暂时将能源消费结构的影响弱化或者忽略。本节接下来的研究就基于这一前提);另一方面影响到能源的供给规模。借鉴参考何凌云、林祥燕(2011)的思路,我们不考虑国际因素的影响,将这四者融合在一个一般均衡的封闭系统分析框架里,构建出"能源价格—出口贸易—能源消耗—碳排放"机理路径模型,如图6.2所示。

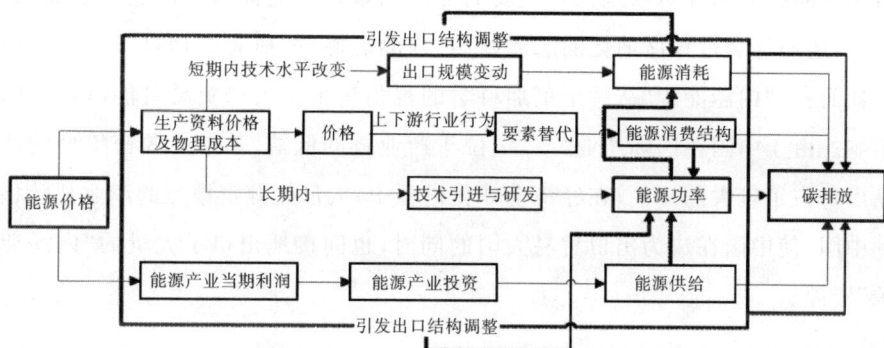

图6.2　"能源价格—出口贸易—能源消耗—碳排放"机理路径模型

当前中国的能源价格机制下能源价格一直保持一个相对较低的价格水平。维持国内外能源相对价格差异现状,从前文的理论与实证的研究来看,对中国的出口贸易的发展具有很重要的意义。但是若将能源的消耗和碳排放的约束因素考虑进来,我们将发现这一机制背后所隐含的内在制度困境。

第二节 "能源价格—出口规模—能源消耗"的困境

传统的贸易理论已经揭示了出口贸易的本质：商品的出口贸易带动要素的流动。根据上一章的研究结论，由于在能源价格机制上的政策导向使我国主要出口的是资源密集型和劳动密集型的产品。资源密集型产品本身在生产过程中使用大量的能源，而劳动密集型的产品在生产过程中也离不开能源消费。中国能源消费的快速增长，与中国出口贸易的快速发展密切相关，陈迎、潘家华、谢来辉（2008）研究指出：事实上，作为"世界加工厂"，中国的能源需求不仅是因为旺盛的国内消费需求和较高的固定资产投资，快速增长的外贸出口和不断扩大的外贸顺差也是重要的驱动因素。他们提出了产品上游加工、制造、运输等全过程所消耗的总能源即"内涵能源"的概念。相对于直接能源消耗而言，"内涵能源"从一个更加科学的视角揭示了出口贸易对能源消耗的影响。由于中国在国际产业分工中位于产业链的低端，其中能源密集型的产品出口占了较大的比例，在经济全球化进程中，大量能源密集型的产业被转移到中国，使中国在成为出口贸易大国的同时，也间接地出口了大量的"内涵能源"资源。

一、文献回顾

之前学者们的因果研究结果一致认为出口规模的增加是中国能源消费扩大的首要原因。Fredrich 和 David（2008）基于中国投入产出表以及能源产出表研究了中国出口规模与能源消费之间的关联，发现出口规模增长是中国能源的最大需求来源。国内的学者在国外相关研究基础上，也对中国出口贸易和能源消费之间的关系问题进行了研究。张传国等（2009）利用脉冲响应和方差分解方法，研究了二者之间的因果、动态以及定量关系。结果表明中国能源消费与出口贸易之间存在从出口贸易到能源消费的单向因果关系。苏樵芳、蔡经汉(2009)基于1978—2008年数据,利用Granger因果关系检验以及新近发展的两状态门槛协整模型研究中国出口贸易与能源消费之间的关系,表明出口贸易与能源消费存在单向Granger因果关系。部分学者利用投入产出表进行能源要素消费的技术测算,其结果表明,商品的出口都包含着能源的间接出口,在不考虑其他因素的情况下,贸易出口的规模越大,引发能源的需求越大。陈迎、潘家华、谢来辉(2008)利用投入产出表定量测算了2002—2006年中国外贸进出口商品中的内涵能源问题,结果表明,尽管中国自1993年以来成为石油净进口国,但通过外贸商品进出口,中国是内涵能源的净出口大国。2002年,内涵能源出口总量约为4.1亿吨标准煤,扣除内涵能源进口1.7亿吨标准煤,内涵能源净出口达2.4亿吨标准煤,约占当年中国一次能源消费总量的16%。兰宜生、宁学敏(2010)采用投入产出分析方法,对2005年中国22个贸易产业部门的出口贸易与能源消耗进行了实证研究,结果表明,2005年中国内涵能源净出口量为5.79亿吨标准煤,是内涵能源净出口大国。若保持过去30年17.19%的出口增速,按照2005年投入产出数值计算,到2030年中国净出口内涵能源将超出中国能源总产量的8倍。

二、出口贸易对能源消费的影响效应分析

　　学者们已有的研究已经比较统一地证明了出口贸易对能源消费的拉动影响,部分学者利用投入产出的方法对出口贸易中具体流失的"内涵能源"的计算也日益严谨科学,基本揭示了出口贸易造成能源消耗扩大的内在逻辑和大致数量。以往学者对出口贸易与能源消费之间关系的实证研究基本是基于时间序列的研究,而面板数据的研究相对于时间序列自由度更高,可能估计结果的有效性更高,因而近年来在实证研究中越来越被广泛地采用。本书接下来将主要使用中国省际1995—2009年的出口贸易总额和能源消费总量数据来研究中国出口贸易与能源消费之间的长期协整关系,进一步的研究中考虑到中国东部、中部和西部地区的区域异质性特征,在全国数据分析的基础上,对不同经济区域中出口贸易与能源消费的因果关系进行实证研究。以下的研究方法主要是采用面板协整的方法来探讨出口贸易与能源消费之间的关系,以

期为上述的理论模型提供实证支持,为后续的逻辑分析打下基础。

(一)面板数据模型构建与数据来源

根据面板数据研究的机理,我们首先构建一个简单的包含能源消费与出口贸易关系的模型如下:

$$\ln E_{it} = \alpha_i + \beta_i \ln T_{it} + u_{it}$$

其中,$\ln T_{it}$ 和 $\ln E_{it}$ 分别表示第 i 省份在第 t 年的出口贸易总额与能源消费数量的对数值,α_i 为反映个体差异的变量,表示省域的固定效应,β_i 表示 $\ln T_{it}$ 的估计系数,u_{it} 表示随机误差项。

各省的能源消耗总量(万吨标准煤)数据来源于历年《中国能源统计年鉴》,历年各省市的出口总额数据来源于历年各省统计年鉴。出口数据使用相应各年的中国人民银行公布的年底汇率折算成人民币(亿元)表示的数量。由于数据的可得性原因,分析不包括港澳台地区,并删除了西藏,重庆被并入四川,最终得到 29×14 个的样本数据。

(二)实证研究

1.面板单位根检验

在采用面板协整的检验方法之前,为了避免伪回归的情形,需要首先对 $\ln T_{it}$ 和 $\ln E_{it}$ 进行面板单位根检验,再对 $\ln T_{it}$ 和 $\ln E_{it}$ 进行面板协整分析,最后,通过面板误差修正模型,对 $\ln T_{it}$ 和 $\ln E_{it}$ 间的因果关系进行检验。以下按照面板协整的处理方法,首先利用 IPS 检验和 Levinlin 检验面板单位根检验方法对全国及东部、中部和西部三大区域中 $\ln E_{it}$ 和 $\ln T_{it}$ 序列进行单位根检验。其结果见表 6.2 至表 6.9 所示。

表 6.2　全国 $\ln E_{it}$ 的单位根检验结果

$\ln E_{it}$	原　值	一阶差分值
IPS 检验	−2.213(0.396)	−3.653(0.000)
Levinlin 检验	−0.4399(0.000)	−0.951(0.000)

注:括号内的数值为相应统计量的 P 值。以下表格与此相同。

表 6.3　东部地区 $\ln E_{it}$ 的单位根检验结果

$\ln E_{it}$	原　值	一阶差分值
IPS 检验	−4.569(0.000)	−2.955(0.000)
Levinlin 检验	−3.568(0.000)	−0.750(0.000)

表 6.4　中部地区 $\ln E_{it}$ 的单位根检验结果

$\ln E_{it}$	原　值	一阶差分值
IPS 检验	−2.515(0.015)	−4.115(0.000)
Levinlin 检验	−0.582(0.000)	−0.996(0.000)

表 6.5　西部地区 $\ln E_{it}$ 的单位根检验结果

$\ln E_{it}$	原　值	一阶差分值
IPS 检验	−2.270(0.377)	−3.792(0.000)
Levinlin 检验	−0.5653(0.000)	−1.075(0.000)

表 6.6　全国 $\ln T_{it}$ 的单位根检验结果

$\ln E_{it}$	原　值	一阶差分值
IPS 检验	−1.606(0.303)	−3.537(0.000)
Levinlin 检验	−0.159(0.000)	−1.067(0.000)

表 6.7　东部地区 $\ln T_{it}$ 的单位根检验结果

$\ln E_{it}$	原　值	一阶差分值
IPS 检验	−1.725(0.220)	−3.626(0.000)
Levinlin 检验	−0.104 (0.000)	−0.990(0.000)

表 6.8　中部地区 $\ln T_{it}$ 的单位根检验结果

$\ln E_{it}$	原　值	一阶差分值
IPS 检验	−1.450(0.579)	−3.494(0.000)
Levinlin 检验	−0.233 (0.437)	1.175(0.000)

表 6.9　西部地区 $\ln T_{it}$ 的单位根检验结果

$\ln E_{it}$	原值	一阶差分值
IPS 检验	−0.851(0.910)	−3.396(0.000)
Levinlin 检验	−0.322 (0.7935)	1.106(0.000)

由面板单位根检验结果可知,在 10% 的显著性水平上原值没有通过 IPS 检验和 Levinlin 检验,而一阶差分序列基本上都通过了 IPS 检验和 Levinlin 检验,说明全国及东部、中部和西部地区的 $\ln E_{it}$ 和 $\ln T_{it}$ 都是一阶单整序列,符合协整关系的基本要求,两序列间可能存在长期协整关系。

2.面板协整检验

在上述单位根检验结果的支持下,我们进一步检验两组变量间是否具有协整关系。McCoskey and Kao (1998)和 Westerlund(2005)提出了面板数据协整检验的检验方法,Westerlund(2007)在此基础上提出了一种新的基于残差的面板数据协整检验方法。该方法要求所有数据满足一阶单整条件 I(1),能够对时间序列的平稳性和面板数据交叉部门之间的平稳性进行检验,其中 G_a 和 G_t 统计检验值用来检验序列平稳性,P_a 和 P_t 统计检验值用来检验交叉部门之间的平稳性(Westerlund,2007)。本书以下便采用 Westerlund (2007,2008)提出的检验方法检验全国及东部、中部和西部地区中的 $\ln E_{it}$ 和 $\ln T_{it}$ 的协整关系,其检验结果见表 6.10 所示。

表 6.10　全国及东、中和西部地区中 $\ln E_{it}$ 和 $\ln T_{it}$ 之间的协整关系检验结果

统计量	全国	东部	中部	西部
G_t	−3.96(0.00)	4.17(0.00)	−3.35(0.00)	−4.33(0.00)
G_a	−24.83(0.00)	−32.42(0.00)	−22.12(0.00)	−16.49(0.03)
P_t	−14.03(0.00)	−10.28(0.00)	−6.86(0.27)	−8.87(0.00)
P_a	−25.46(0.00)	−23.76(0.00)	−22.89(0.00)	−21.33(0.00)

在全国及东部、中部和西部地区中 $\ln E_{it}$ 和 $\ln T_{it}$ 协整关系检验结果中,除了中部地区的 P_t 统计量在 10% 的显著性水平上不显著以外,其他变量均显著。由此可知全国及东部、中部和西部地区中 $\ln E_{it}$ 和 $\ln T_{it}$ 之间确实存在

显著的协整关系。为进一步研究出口贸易的能源消费效应大小,估计出全国及东部、中部和西部地区中出口贸易与能源消费的长期弹性关系,结果如表6.11所示。

表 6.11　全国及东、中和西部地区中出口贸易的能源消费效应估计结果

系数	全国	东部	中部	西部
β	0.4785(0.00)	0.4883(0.00)	0.4732(0.00)	0.4681(0.00)
常数项	5.83(0.00)	5.24(0.00)	6.31(0.00)	6.15(0.00)
R^2	0.4397	0.5637	0.4848	0.7458

注:括号内的数值为相应统计量的 P 值。

从回归的结果来看,中国出口贸易与能源消费之间的长期弹性在全国及分地区的数值上略有差异,其中全国的弹性系数为0.4785,即意味着中国的出口每增加一单位,将会拉动0.4785个单位的能源消费的增长,出口贸易是能源消费增长的直接因素之一。分区域的研究结果显示,东部地区出口贸易在能源消费上的效应达到0.4883,高于全国水平,说明东部地区作为出口主力,对能源消费的拉动也较大,相比之下,中部与西部地区则略低于全国平均水平,其中西部地区只有0.4681。

3.面板因果关系检验

上述的研究已经得出变量之间的协整关系,笔者继续采用面板 VECM 方法而非标准格兰杰检验方法来检验全国及各经济区域的出口贸易与能源消费之间的因果关系。结果如表 6.12 所示。

表 6.12　出口贸易与能源消费的因果关系检验结果

区域	变量	短　　期		长　　期	联合检验	
		$\Delta \ln E$	$\Delta \ln T$	$\varepsilon(-1)$	$\Delta \ln E, \varepsilon(-1)$	$\Delta \ln T, \varepsilon(-1)$
全国	$\Delta \ln E$		$-1.56e-18$ (0.05)	0.00(1.00)		3.56(0.03)
	$\Delta \ln T$	4.31(0.00)		0.06(0.73)	5.32(0.01)	

续表

区域	变量	短　期		长　期	联合检验	
		$\Delta\ln E$	$\Delta\ln T$	$\varepsilon(-1)$	$\Delta\ln E, \varepsilon(-1)$	$\Delta\ln T, \varepsilon(-1)$
东部	$\Delta\ln E$		$-1.79e-18$ (0.02)	0.00(1.00)		4.73(0.00)
	$\Delta\ln T$	4.55 (0.01)		0.05(0.72)	7.46(0.04)	
中部	$\Delta\ln E$		$-2.32e-18$ (0.01)	$-6.23e-18$ (0.67)		5.61(0.02)
	$\Delta\ln T$	$-6.23e-18$ (0.05)		$-6.23e-18$ (0.25)	0.21(0.88)	
西部	$\Delta\ln E$		$-8.24e-18$ (0.00)	$-6.23e-18$ (0.34)		0.57(0.73)
	$\Delta\ln T$	3.21(0.00)			0.76(0.56)	

注:括号内的数值为相应统计量的 P 值。

　　由检验结果可以清楚地看出,短期内和长期内出口贸易与能源消费之间的因果关系有所不同。其中短期内的回归结果拒绝出口贸易不是能源消费原因的原假设,即出口贸易是能源消费的直接原因;同时也拒绝能源消费不是出口贸易原因的原假设,即出口贸易与能源消费在短期内是互为因果关系的。长期内的结果却出乎意料,回归结果支持出口贸易不是能源消费原因的原假设,即因果关系的检验认为,在长期内,出口贸易不是能源消费增加的原因,同时能源消费也不是中国出口贸易增长的原因。实证的结果基本支持短期内出口贸易的增长是需要能源要素投入增加来支持的,即短期内采用粗放型的出口政策是有效的,而相应的长期内出口贸易的发展会带来一定的技术效应,有利于能源效率的改善(在后文有进一步的验证),会使能源消耗的效应得到抑制,故并不是能源消费的直接原因。

三、简要评论

　　能源价格水平的高低通过生产和消费过程的传导,最终影响到商品的均衡产量和价格,从而对出口规模产生影响。具体来说,一方面,根据传统贸易理论,能源价格保持相对较低的水平会导致单位产量的生产成本受到控制,形成最终商品在价格上的出口比较优势,有利于扩大出口规模,大规模的商品出口拉动了能源消费的增长,在能源结构调整缓慢的情形下,更多的能源消费则意味着更多的碳排放;另一方面,基础能源产品处于产业链的上游,价格管制下的低价能源使能源生产者在供给上失去动力,造成的现实问题是"油荒"、"电荒"问题的频繁出现,政府在不得已的情况下只能采用政策补贴的形式再对能源生产企业进行补偿,维持经济活动的能源需要,进一步扭曲市场运行机制。如此便有了一个内在的矛盾出现:国内外能源相对价格背景下的低价能源为中国的出口贸易发展做出了贡献,同时又造成了中国能源供求缺口的增大,并制约了节能减排战略的实现。

第三节　"能源价格—出口结构—能源消耗"的冲突

一、出口贸易结构对能源消耗的影响分析

出口贸易发展对能源消费的影响,其内在的机理过程较为复杂,并非单一的两者规模同比增长的形式,由于不同商品在生产和流通过程中对能源投入需求的差异,即能源强度具有很大的差异,部分高能耗的产品被称为能源密集型产品,其在整个商品出口中所占的比例越来越高,对能源消费需求的拉动效应越来越明显。这就是所谓的出口贸易对能源消费拉动的"结构效应"。

(一)出口贸易结构中能源密集型产业界定

按照陈迎、潘家华等(2008)按照 2002 年的投入产出表的测算得出中国主要出口商品的能耗强度如表 6.13 所示,尽管是 2002 年的数据,但是主要反映的问题还是很清楚的:不同行业部门的能耗强度差异很大。

表 6.13   部分主要出口部门的完全能耗强度

单位:吨标煤/万元

部门	能耗强度
纺织业	1.54
服装及其他纤维制品制造业	1.17
石油加工及炼焦业	2.95
化学原料及制品制造业	3.07
黑色金属冶炼及压延加工业	3.45
交通运输设备制造业	1.47
电气机械及器材制造业	1.61
电子及通信设备制造业	1.17

借助单位产值能耗指标,即可将各产业的能耗量在一个标准化了的产值规模上进行直接比较。可以明显看出石油加工及炼焦业、黑色金属冶炼及压延加工业、化学原料及化学制品制造业等产业的单位产值标准煤消耗量均是服装及其他纤维制品制造业的近 3 倍。而根据中国统计年鉴中对不同行业单位产值能耗的统计显示,黑色金属冶炼及压延加工业、造纸及纸制品业等产业的单位产值标准煤消耗量亦高于同期全部行业平均水平,故而可将这些产业视为相对能源密集型产业;相比之下,纺织业、服装及其他纤维制品制造业在中国属于低能耗的行业。

(二)出口结构比例与"内涵能源"消费比例静态比较

从一个静态的视角来看出口结构与能源消费的直接关系:一个行业的出口额占同期总出口额的比例很大,但是其引发的"内涵能源"消费占同期总出口引发的"内涵能源"消费的比例却相对较小,则这样的行业从节能的角度而言,属于良性行业,反之则反是。陈迎、潘家华等在其 2008 年的文章中进一步对各部门商品出口贸易情况与"内涵能源"情况进行比较,截取其中的部分结果如表 6.14 所示。

表6.14　出口商品贸易额与内涵能源消费比较

	出口贸易额占总量的比例(%)	出口内涵能源占总量的比例(%)
服装及其他纤维制品制造业	17.4	13.4
仪器仪表文化办公用机械	13.47	12.3
电气机械及器材制造业	11.8	12.52
化学原料及制品制造业	3.53	7.13
黑色金属冶炼及压延加工业	1.02	2.32

　　服装及其他纤维制品制造业出口贸易额占总量的比例达到17.4%,但是其出口内涵能源占总量的比例却只有13.4%,相比之下,黑色金属冶炼及压延加工业出口贸易额占总量的比例只有1.02%,但是其出口内涵能源占总量的比例却达到2.32%。其他几个行业可类似比较发现,一国出口结构中能源密集型行业的出口是拉动能源消费的主要力量。

　　(三)贸易结构中高能耗商品出口增长对能源消费的拉动

　　进一步从动态角度来看,能源密集型行业出口比例越高,所产生的拉动效应将会越明显。自上世纪90年代以来,中国能源密集型产品的贸易规模不断扩大。如表6.15所示,1990年至2008年间中国此类产品的出口额均呈增长趋势,至2009年,由于国内节能措施力度的加大,当年出口略有下降,但仍高达1 298亿美元。其中,化学原料及化学制品制造业、黑色金属冶炼及压延加工业的出口额最高,分别达364亿美元和325亿美元。而就增长率而言,能耗强度最大的石油加工及炼焦业、化学原料及制品制造业和黑色金属冶炼及压延加工业出口快速增长,以黑色金属中的钢材为例,从2000年到2008年增长了近10倍。从中国近年来的出口结构变迁上来看,十大主要出口部门的构成具有明显的能源密集化趋势。纺织业、服装制品业、化学工业、通用专用设备制造业、电气及器材制造业、金属制品业在2002年、2006年和2009年均在十大出口部门之列,值得注意的是1997年,低能耗的其他社会服务业和农业也在十大出口部门之列,但是在2002年被木材及家具制造业取代。从整个出口贸易结构变迁对能源消费的影响角度来看,能源密集化趋势长期将对中国的

"节能减排"产生不利的影响。一个非常特殊的节点在2009年,正是这一年国际能源价格快速下跌,而国内能源价格下降相对迟缓,使高能耗行业的出口规模急剧回落,但是随着国内外能源相对价格的走势回归常态,这些代表性的高能耗产品的出口规模又逐步趋稳,依然形成了对能源消费的有力拉动。

二、理性的出口结构调整思路

当目标面临实现出口贸易稳定发展与能源消费控制两个约束时,任何政策措施都很难获得最佳的效果,能源约束的要求使单纯地追求出口贸易增长不再是最优的政策,要实现中国出口贸易发展与能源消费问题之间的协调,结合中国的具体国情进行贸易政策与能源政策的配合使用才是相对合理的选择。通过改变出口产品的结构实现节能,无疑提高了对外贸易的质量,这将对提高整体经济增长的质量和节能减排起到促进作用,也是落实科学发展观的一个重要方面。从上述的分析可以看出,中国的出口结构中出口"内涵能源"较少的行业占所有行业的比例趋于下降,部分行业存在出口少、能耗高的现象,且其出口比例有上升趋势。以下分几种情况基于节能目标的前提下对出口贸易结构优化提出政策思路:(1)出口引发"内涵能源"消费少的行业,属于重点出口扶持对象,增加该行业出口对能源需求的影响较小,尤其是出口本身绝对量较少的一类,应在出口政策上予以倾斜,促进其出口额的增长。(2)出口额比例较大,已属中国出口的主要力量,但能源消费明显的行业,出口政策当以维持行业出口地位为主,另外,应从节能角度加强技术改造和升级,促进行业节能的发展,视行业性质及客观重要性而定,也可考虑逐步减少行业的出口。(3)部分高能耗的行业,应当属于节能减排控制的重点,除非行业性质原因不可替代,否则都应作为逐步限制出口的行业,贸易政策应以限制和控制为主,甚至可考虑加强进口政策支持,对国内产业进行替代。对于由于客观原因无法做到限制的行业,应加强技术改造和升级工作。

三、简要评论

根据部门转移理论,对一个多部门的经济体而言,能源价格管制降低了相对能源投入较多的资本密集型行业和高耗能行业的投入成本。从上一章的研究结论来看,这一机制促进了中国的出口结构从劳动密集型向资本密集型升级,同时使得能源密集型商品的出口持续高速增长。一个行业的出口额占同期总出口额的比例很大,但是其引发的"内涵能源"消费占同期总出口贸易引发的"内涵能源"消费的比例却相对较小,则这样的行业从节能的角度而言,属于良性行业,反之则反是。进一步从动态角度来看,能源密集型行业出口比例越高,对能源消费所产生的拉动效应将会越明显,进一步对碳排放的压力越大。如此一来,当前能源价格机制下维持国内外能源相对价格的政策在协调这二者关系上出现了矛盾。

第四节　"能源价格—出口贸易—能源效率"的两难

一、文献回顾

随着中国经济的高速发展,对能源的投入需求也相应地增加,而能源的供给增长却是相对有限的,能源约束问题已成为政府和学者们关注的焦点。要克服能源约束,一方面我们可以控制产出总量或调整产出结构以减少能源消耗,另一方面可以提高单位能源的总产出——能源效率。出口是带动中国经济增长的三驾马车之一,从 1989 年开始到 2008 年,中国的出口量的绝对值一直保持增长趋势,年均增长速度为 23%。与此同时,中国 2002 年"内涵能源"净出口达到 2.4 亿吨标准煤,而 2006 年中国内涵能源净出口约为 6.3 亿吨标准煤,比 2002 年增长 162%(陈迎等,2008)。现有的文献在探讨出口和能源之间的关系时,多数集中在出口贸易与能源消耗之间的关系方面。其中一类讨论的是出口规模对能源消耗的影响,如 Goldberg(1984)研究了拉美国家的出口贸易和能源消费之间的关系,Owen(1982)对巴西、秘鲁等拉美国家的出口贸易和能源消费之间的关系作了研究。以上两个文献都认为出口贸易和能源消费的规模及结构都有重要的关系,后者认为巴西、秘鲁等拉美国家出口的迅速扩大是造成这些国家 20 世纪六七十年代能源供给紧张的重要原因之一。中国国内学者如张传国(2009)以及苏樨芳(2009)等用不同的方法得出了相似的结论,都认为中国的出口贸易对能源消费存在重要的影响。另一类是出口贸易结构对能源消耗的影响:沈利生(2007)利用投入产出分析法研究认为中国对外贸易结构变化不利于节能降耗;陈刚等(2009)研究出口结构与能源约束之间的关系,并有针对地提出了政策建议。以上两类的研究可总结为从出口贸易规模效应和结构效应视角出发研究出口与能源消耗之间的关系,目前思考出口贸易的技术效应对能源效率的影响的研究还不多。

近些年来许多研究表明,出口贸易在国际技术扩散中通过外溢而促进国内技术进步,提高全要素生产率,具有明显的技术效应,其中包括:出口部门与国内非出口部门的产业关联效应、出口部门的学习示范效应、出口贸易引致企业间的竞争效应等(Coe et al,1995)(见图 6.3)。由于生产技术是影响能源效率的重要原因之一(Boyd et al,2000),不难看出,出口贸易的技术效应最终会对一国能源效率产生影响。本书接下来的分析将基于出口贸易的技术效应视角,探讨其对中国能源效率的影响。

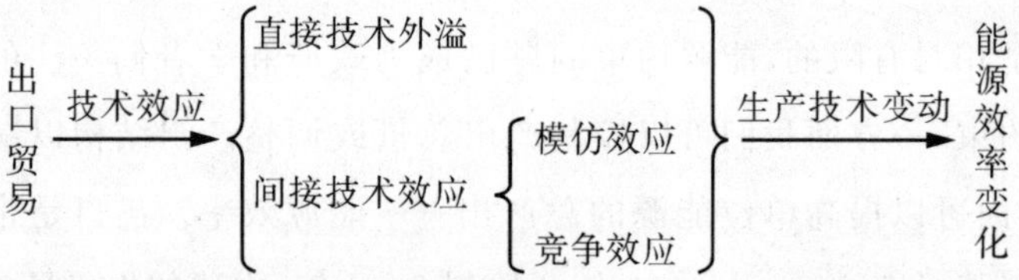

图 6.3 出口贸易影响能源效率的机理路径

二、出口贸易对能源效率影响的理论分析及实证模型构建

为了问题分析的需要,我们采用 Rashe 和 Tatom(1977)的做法,将能源要素加入科布—道格拉斯生产函数,我们假定总的经济增长对资本、劳动和能源要素的投入规模报酬不变。

$$Y = A K^{\alpha} L^{\beta} E^{1-\alpha-\beta} \tag{6.1}$$

其中 Y 为总产出，K 为广义资本存量，L 为劳动力，E 为能源投入量，A 表示技术进步。

为构建起技术进步及三种要素相对投入与能源效率之间的联系，我们将 (6.1) 式两边同除以 E，易得：

$$\frac{Y}{E} = A \left(\frac{K}{E}\right)^{\alpha} \left(\frac{L}{E}\right)^{\beta} \tag{6.2}$$

(6.2) 式左边表示单位能源的产出量，直接用来衡量能源效率，用 EE 表示，$\frac{K}{E}$ 和 $\frac{L}{E}$ 分别衡量了资本相对能源和劳动力相对能源的投入情况。

借鉴 Levin and Raut(1997) 的思路，采用相似的方程式，从而建立出口贸易内生化的技术进步表达式如下：

$$A = B \left[1 + \eta \left(\frac{X}{Y}\right)\right] X^{\theta} \tag{6.3}$$

其中 X 表示出口。如此则表明国内技术进步由出口依存度（即出口总额占 GDP 的份额）和出口规模以及用来度量影响技术进步各种其他因素的残余值 B 三个因素决定。对 (6.2) 式和 (6.3) 式分别取自然对数，可以得到：

$$\ln EE = \ln A + \alpha \ln\left(\frac{K}{E}\right) + \beta \ln\left(\frac{L}{E}\right) \tag{6.4}$$

$$\ln A = \ln B + \ln\left[1 + \eta\left(\frac{X}{Y}\right)\right] + \theta \ln X \tag{6.5}$$

由于当 Z 很小时，$\ln(1+Z) \approx Z$，所以 (6.5) 式可以写作：

$$\ln A = \ln B + \eta\left(\frac{X}{Y}\right) + \theta \ln X \tag{6.6}$$

进一步考察人力资本投入在出口贸易技术外溢中的作用，采用黄菁和赖明勇等 (2008) 的处理方式，在 (6.6) 式中引入人力资本 H：

$$\ln A = \ln B + \eta\left(\frac{X}{Y}\right) + \delta H \cdot \left(\frac{X}{Y}\right) + \theta \ln X \tag{6.7}$$

将(6.7)式代入(6.4)式,可得:

$$\ln EE = \ln B + \eta\left(\frac{X}{Y}\right) + \delta H \cdot \left(\frac{X}{Y}\right) + \theta \ln X + \alpha \ln\left(\frac{K}{E}\right) + \beta \ln\left(\frac{L}{E}\right) \tag{6.8}$$

基于以上的分析,构建以下两组出口贸易对能源效率 EE 影响的计量回归方程:

$$\ln EE_{it} = c + \eta\left(\frac{X}{Y}\right)_{it} + \theta \ln X_{it} + \alpha \ln\left(\frac{K}{E}\right)_{it} + \beta \ln\left(\frac{L}{E}\right)_{it} + \mu_{it} \tag{6.9}$$

$$\ln EE_{it} = c + \eta\left(\frac{X}{Y}\right)_{it} + \delta H_{it} \cdot \left(\frac{X}{Y}\right)_{it} + \theta \ln X_{it} + \alpha \ln\left(\frac{K}{E}\right)_{it} + \beta \ln\left(\frac{L}{E}\right)_{it} + \mu_{it}$$

$$\tag{6.10}$$

其中, η 值的大小反映了出口部门生产率优势造成的间接技术效应,包括技术学习示范效应与竞争效应。由于竞争效应存在正负两种情形,故 η 值的方向具有不确定性:如果 η 为 0,表明出口部门生产率优势造成的技术示范效应恰好与负的竞争效应抵消;如果 η 取值为正,说明出口贸易对企业生产存在促进技术进步的间接技术效应;反之,如果 η 值为负,则表明出口贸易的间接技术效应对技术进步还可能存在一定的抑制效果。 θ 值的大小衡量出口部门对非出口部门的直接技术溢出效应,当出口部门技术领先非出口部门,预期其符号为正,反之则反是。由于 $\alpha > 0$, $\beta > 0$,观察两个相对指标 $\frac{K}{E}$ 和 $\frac{L}{E}$,其比值的变化方向决定了 EE 的改善情况,易得到结论:(1)资本相对能源要素投入增长快,会促进生产中能源效率的改善;(2)劳动力相对能源要素投入增长快,会促进生产中能源效率的改善。

三、数据来源及处理

本节分析中使用的数据为 1995—2009 年全国 29 个省市自治区的面板数据,基础数据来源于中经网统计数据库、《中国统计年鉴》、《中国能源统计年鉴》、《新中国五十五年统计资料汇编》及各省市自治区统计年鉴相关年份。下面详细说明各个变量的选取及处理。

1.能源效率(EE)。使用历年各省市的国内生产总值 GDP 与能源消耗总量的比值表示,代表单位能耗的产出量。国内生产总值 GDP 数据均来源于中经网统计数据库,能源消耗总量(万吨标准煤)数据来源于历年《中国能源统计年鉴》。

2.出口依存度(X/Y)。使用历年各省市的出口总额与国内生产总值 GDP 比值表示。其中历年各省市的出口总额数据来源于历年各省统计年鉴。出口数据使用相应各年的中国人民银行公布的年底汇率折算成人民币(亿元)表示。

3.出口规模(X)。使用历年各省市的出口总额表示,来源及处理同上。

4.人力资本(H)。采用 Barro 和 Lee(2001)的方法来计算各地区人力资本。人力资本的度量方法主要有教育经费法、人均受教育年限法和中等教育入学率法等。相比较而言,人均受教育年限法较为可靠,故采用这一方法来度量中国的人力资本存量。人均受教育年限通过将全部 6 岁及 6 岁以上人口的受教育年限加总后除以 6 岁及 6 岁以上总人口数得到。根据中国实际情况,小学文化程度设为 6 年,初中文化程度设为 9 年,高中文化程度为 12 年,大学及以上文化程度设为 16 年。

5.资本存量(K)。由于没有现成的固定资产投资和流动资金年末价值数据可供利用,此处采用经验的折旧率计算固定资产净值(即永续盘存法):

$$K_t = (1-\delta)K_{t-1} + I_t$$

I_t 采用各省市每年的固定资本形成额表示,δ 为折旧率,并遵循已有文献将折旧率设定为 9.6%。各地区实际资本存量 1995—2000 年数据直接引自张军等(2004),2001—2009 年数据依据相同方法推算而得。

6.劳动力(L)。用历年各省市年底从业人员数(万人)衡量。数据来源与GDP 数据相同。

由于数据的可得性原因,分析不包括港澳台地区,并删除了西藏,重庆被合入四川,对于数据在几种出版物中不一致的地方,皆以《中国统计年鉴》为准,对个别省份、年份数据统计缺失的情况,以其前后年份移动平均的插值估算法进行修补,最终得到 29×14 个样本数据。

四、实证分析

由于本节采用的是 1995—2009 年的面板数据,同时包括有横截面和时间序列数据,模型设定的正确与否直接影响到最后参数估计的准确性和可靠性。因此,我们同时采用 OLS、固定效应和随机效应的估计方法,回归(2)在回归(1)的基础上进一步加入人力资本的影响,采用 F 检验判定比较 OLS 与固定效应的优劣,采用 BP 检验判定比较 OLS 与随机效应的优劣,采用 Hausman 检验判定比较固定效应和随机效应的优劣,并同时将结果列出。表 6.15 报告了我们的全部样本回归和检验的结果:F 检验和 BP 检验的结果都拒绝了采用 OLS 模型,随后的 Hausman 检验结果显示采用固定效应要优于随机效应。故而我们的分析将基于模型 2 和模型 5 展开,表 6.16 的分地区样本回归也均采用固定效应。所有检验和回归运用 Stata 9.0 完成。

表 6.15　1995—2009 年的全部样本回归结果

解释变量	Regression(1)			Regression(2)		
	OLS 模型 1	FE 模型 2	RE 模型 3	OLS 模型 4	FE 模型 5	RE 模型 6
$\ln(K/E)$	0.2347483 (11.43)	0.5933168 (18.46)	0.5078742 (17.16)	0.2066884 (9.83)	0.5383469 (18.10)	0.4697599 (16.87)
$\ln(L/E)$	0.2936053 (13.20)	0.0832338 (2.31)	0.1266747 (4.06)	0.3434131 (14.08)	0.1401555 (4.22)	0.187083 (6.26)
$\ln X$	0.2314233 (18.41)	0.2283049 (10.40)	0.2627694 (14.03)	0.2317736 (18.85)	0.2337791 (11.74)	0.268408 (15.37)
X/Y	−0.3803529 (−3.41)	0.8229088 (−7.13)	0.9597251 (−8.63)	−2.319165 (−5.24)	−4.407992 (−11.1)	−4.299574 (−10.95)
$H×(X/Y)$				0.2284022 (4.52)	0.3558324 (9.37)	0.3385482 (8.83)
−CONS	−1.108237 (−14.63)	0.8109311 (−7.19)	−1.045177 (−9.78)	−1.086156 (−14.63)	0.7523855 (−7.34)	−0.9781395 (−9.78)
F 统计量		75.44			89.88	
BP 统计量			1156.98			1136.28
Hausman 检验统计量		32.41			1101.48	
R^2	0.7142	0.8142	0.8116	0.7272	0.8475	0.8453

注:括号内为估计参数相对应的 t 值。

从结果来看,我们所关心的 η 值在模型 2 中为负,且显著,在加入人力资本因素的模型 5 中其值仍为负,同样表现出显著性,这表明中国出口贸易的间接技术效应总体上抑制了能源效率改善,但 δ 的值为 0.3558324,体现出人力资本对能源效率的正向影响,人力资本的技术承接使出口贸易对能源效率改善起到促进作用。θ 的结果在模型 2 和模型 5 中均为正,分别为 0.2283469 和 0.2337491,且都在 1% 水平上显著,这表明出口贸易对非出口部门的直接技术溢出引致能源效率改善效应是明显的,这与中国出口部门技术领先非出口部门的现实相符。模型 2 和模型 5 中另外两个重要变量系数的结果与理论预期相符,其中模型 2 中 α 的结果为 0.5933168,β 为 0.0832338,加入人力资本因素后二者符号不变,α 略减小,β 略增加,这要归因于人力资本属于一类特殊的劳动力要素,将其加入模型后则可能会造成上述的变化。

为进一步分析出口贸易对能源效率改善在不同经济区域的效果和影响,继续对中国东、中、西三大经济区域分别进行模型计量检验,结果如表 6.16 所示。

表 6.16　1995—2009 年的分经济区域样本回归结果

解释变量	Regression(3)			Regression(4)		
	东部 模型 7	中部 模型 8	西部 模型 9	东部 模型 10	中部 模型 11	西部 模型 12
$\ln(K/E)$	0.3929312 (8.01)	0.2997044 (6.05)	0.5481831 (6.48)	0.3860994 (9.38)	0.2094823 (3.90)	03996922 (3.80)
$\ln(L/E)$	0.3940013 (7.48)	0.5921126 (8.17)	0.0576818 (0.56)	0.3719159 (8.41)	0.5999953 (8.66)	0.2695494 (1.98)
$\ln X$	0.4440858 (13.22)	0.6353875 (11.90)	0.2489195 (3.52)	0.364858 (12.29)	0.6008811 (11.57)	0.2974292 (4.10)
X/Y	−1.193182 (−10.18)	−11.81774 (−10.4)	−2.534681 (−3.11)	−3.918163 (−11.54)	−21.66838 (−6.75)	−13.22174 (−2.80)
$H\times(X/Y)$				0.2954509 (8.39)	1.318114 (3.56)	1.299941 (2.30)
−CONS	−2.10563 (−11.02)	−2.204716 (−10.0)	0.8522919 (−2.96)	−1.520946 (−8.71)	−2.13741 (−10.12)	−1.005871 (−3.47)
样本量	180	135	120	180	135	120
R^2	0.8670	0.9174	0.7796	0.9071	0.9252	0.7900

注:括号内为估计参数相对应的 t 值。

从进一步的实证结果可以看出,未考虑人力资本因素的回归(3)中的 η 值在东、中、西部均为负,且显著,在加入人力资本因素都仍为负,但是系数绝对值都有不同程度的变大,且表现出显著性,这表明三个地区出口贸易的间接技术效应抑制了能源效率改善,这可以解释为中国各地区一般以外向型经济为主,导致出口部门的生产率优势过于明显,此一方面导致出口部门自身改善技术的竞争动力不强烈,另一方面,落后的非出口部门对其示范效应的学习基础不足,进而可能转向非技术的粗放式竞争,如进行高能耗的生产等,进而出现了能源效率抑制现象,人力资本向出口部门的流动加剧了这种抑制效应。东、中、西部 δ 的值分别为 0.2954509、1.318114 和 1.299941,均为正,统计上都显著,这体现出人力资本的积累在技术承接上的作用,对能源效率改善起到促进作用,同时不难看出中、西部相对于东部的人力资本的作用更加突出,也说明它们在人力资本积累上的缺乏,使其产生的边际改善效应更大。θ 的结果在回归(3)和回归(4)中均在 1% 水平上显著为正,三个经济区域的出口贸易对非出口部门能源效率都有很好的改善效应,尤其是中部地区,达到 0.6008811,即出口增加 1%,则地区的能源效率改善近 0.60%。另外两个变量系数 α 和 β 东部与中部的结果与全部样本的结果相似,都显著为正,加入人力资本因素后二者符号不变,α 略减小,β 略增加。

五、结论及启示

本节利用 1995—2009 年中国省际面板数据进行实证研究表明,出口贸易对非出口部门的直接技术溢出效应明显改善整体能源效率,其引致的模仿和竞争等间接技术效应对能源效率有一定的抑制效应,人力资本对出口贸易改善能源效率起促进作用。进一步分区域进行研究可知,东、中、西部的出口部门对非出口部门的直接技术溢出效应对能源效率都有改善作用,出口引致的间接技术效应对能源效率有一定的抑制作用,结果显著。三个经济区域的人力资本对出口贸易改善能源效率起促进作用,作用大小略有差异。α 和 β 值的方向与预期相符,理论分析的结论正确。基于以上的研究结论,提出以下几点政策启示:

首先,进一步促进各地区出口贸易的发展,尤其是扩大中部地区的出口规模,发挥其对非出口部门的直接技术外溢效应,可实现整体能源效率的改善。其次,创造规范的市场秩序,引导企业进行良性的竞争,尤其是控制技术落后企业利用高能耗的粗放式竞争模式,为其学习模仿先进技术提供政策支持,可使出口贸易的间接技术效应有效地改善能源效率。再次,从人力资本角度而言,中、西部都要加大人才培养和引进力度,增加人力资本积累,以利于更好地承接出口贸易的技术外溢。最后,合理利用价格机制,尤其是逐步放松能源价格管制,引导资本相对能源及劳动力相对能源合理投入,以促进生产中能源效率的改善。

要克服能源和碳排放的约束,一方面我们可以控制产出总量或调整产出结构以减少能源消耗,另一方面可以提高单位能源的总产出——能源效率。上述的研究结果表明,出口贸易发展对非出口部门的直接技术溢出效应对整体能源效率有明显改善作用。与此同时,能源价格保持低价,其他要素价格相对上涨的时候,根据生产要素替代率递减规律,增加能源投入可增加能源边际产品。此时,能源价格机制会引发能源消耗上升,从而降低能源效率,反之亦然。而能源效率的降低无疑不利于节能减排的控制。因此,从出口贸易的技术效应的角度而言,当前的能源价格机制也在对二者的协调上出现了矛盾。

综上所述,当前中国的能源价格机制下的能源价格一方面对中国的出口贸易发展起到了很好的促进作用,与此同时,它对能源消费的约束性却未充分发挥。要素价格与需求是反比关系,价格高则需求减少,而价格低则需求量上升,由于中国能源价格未反映能源真实的价值,因此,能源要素在工业生产中被低成本投入,其杠杆调节作用未充分发挥。能源价格偏低,导致能源商品生产者缺乏采用先进技术、管理进行能源节约的动力,制约了要素的价格替代效应,导致生产过程大部分是粗放型的,形成了工业生产过程中的大量浪费,这对节能减排与能源产业的可持续发展形成了阻碍。总之,当前的能源价格机制有其积极的政策效应,但是考虑到能源和碳排放压力的约束,导致出口贸易的发展陷入两难的境地。

第五节 当前能源价格机制下补贴政策的扭曲效应

补贴政策作为对自由市场经济的干扰机制,对完全竞争市场下的出口贸易模式势必造成冲击。在当前能源价格机制下保持高额的能源补贴以控制能源价格一方面将会使中国的出口贸易条件不断恶化,另一方面将会造成实际能源补贴的外流,即伴随着出口贸易补贴给国外的消费者。以下我们将基于能源补贴对产品出口影响的一般均衡原理,分析中国能源补贴政策对出口贸易的扭曲效应,进一步地对中国代表性地区福建省的出口贸易中的能源补贴外流进行量化测算,为当前价格机制下的能源补贴政策弊端提供证据支持,进一步思考未来能源价格机制改革的走向。

一、当前能源补贴机制对出口贸易的扭曲机理分析

与周勤、赵静、盛巧燕(2011)的分析思路一致,通过图示模型(图6.4)的演示来揭示当前能源补贴机制对出口贸易影响的内在机理。首先,为分析问题的简单化,我们假定中国生产的商品只包括出口商品 M 和非出口商品 N,在充分就业的情况下,生产可能性曲线如图6.4中 P 所示,补贴前后的无差异曲线和贸易条件曲线分别用 U_1、U_2 和 T_1、T_2 来表示。补贴前,T_1 与 P、U_1 分别相切于 E_1、E_1' 点,此时,边际转换率、边际替代率及贸易条件相等,经济实现了均衡。则 N 产品与 M 产品的生产、贸易和消费数量之比分别为:ON_1：OM_1、$N_1'N_1$：M_1M_1、ON_1'：OM_1',整个社会的福利水平为 U_1。

当我国对产品 N 的出口给予能源补贴后,企业产品的边际成本降低,市场竞争将使价格水平下降。既定条件下 N 将提供更大的产量,其生产可能性曲线将变得较为平缓(图6.4中为避免混淆略去)。同时,根据商品贸易条件＝出口品价格指数/进口品价格指数,其他条件不变的情况下,出口产品的能源补贴将降低出口国产品的价格,出口国为了换取既定量的进口商品必须付

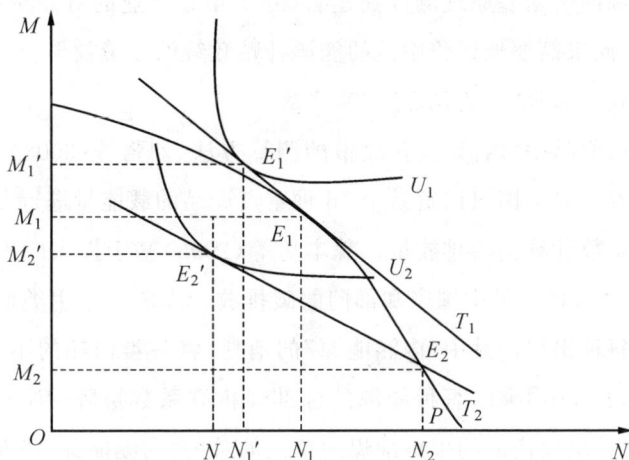

图 6.4　能源补贴政策对出口贸易的影响

出更多的出口商品,或既定量的出口商品只能换回较少的进口商品,致使其商品贸易条件恶化。随着贸易条件的恶化,新 T_2 也较 T_1 平缓,并与新生产可能性曲线相切于 E_2,与无差异曲线相切于 $E_2{}'$。其结果是:原先用于生产 M 的相当于增加 M_1 到 M_2 的生产资源,使 N 的产量及出口量增加了 $N_1 N_2$,M 的进口增加了 $M_2 M_2{}' - M_1 M_1{}'$,在满足前述假定条件下,N 的国内消费不变,M 的产量减少而进口增加,消费即减少了 $M_2{}'M_1{}'$ 的数量,从而使整个社会福利降至 U_2 的水平(程厚思,1997;周勤等,2011)。由此得出,中国政府采用能源补贴的政策来维持能源要素的低价,这种价格机制中的补贴主要表现为生产侧补贴,其对终端的能源消费的成本起到了很好的控制作用,从贸易优势的形成角度而言是有利的,但是,由于国际能源价格持续上涨,实际上在生产侧补贴鼓励和放大了石油电力消费需求,加大了价格调整、能源稀缺以及环境污染的压力。

二、代表性地区出口能源补贴的测算——以福建省为例

上述的理论分析阐述了中国长期以来的能源补贴机制对出口贸易的影响机理,但是这些补贴中有多少是通过贸易途径补贴给了国外的消费者?以下

通过内涵能源的价格差原理测算福建省 2007 年分产业的对外贸易中的能源补贴数量,以此来简要地评价中国的能源补贴政策的政策效果。

(一)出口商品中"内涵能源"测算方法

关于出口商品中"内涵"碳排放量的测算方法,刘强等(2008)利用全生命周期评价的方法对中国出口贸易中 46 种重点产品的载能量进行了计算,然后利用碳排放系数计算出碳排放量。魏本勇等(2009)基于投入产出法,测算了 2002 年中国进出口贸易中国家和部门的碳排放。本节也采用类似的思路:通过先测算出每种出口商品中"内涵能源"的消耗,将各类消耗的不同能源矩阵 $[E_1, E_2, E_3, E_4, \cdots]$ 乘以每种能源的标准煤折算系数矩阵 $[F_1, F_2, F_3, F_4, \cdots]$ 计算出每种出口商品的以标准煤为单位的总的"内涵能源"消耗量,再乘以每标准煤的碳排放系数即得到总的碳排放量。现在首要的问题是解决出口商品中"内涵能源"的测算方法,目前在所有的方法中,大多数的都是利用投入产出的研究思路。国内代表性的研究如:沈利生(2007)运用投入产出模型测算了中国产品进出口对能源消费的影响。陈迎、潘家华、谢来辉(2008)同样采用投入产出的能源分析方法为基础,进行了测算方法和模型的改进,加进进口活动中的中间产品的影响,使模型更加科学,对中国外贸进出口商品中的内涵能源进行了全面的测算。从科学性角度而言,投入产出法的思路严谨,具有很强的逻辑说服力,学者们的分析也相当的全面和深入。也有研究以企业为依据,把国内企业分为不同的类型通过加权得到"内涵能源"进出口比例,进而算出"内涵能源"进出口数量,该方法局限于企业数据的可获得性,实际操作难度较大。曹俊文(2009)在总结和归纳了前人所使用的测算方法的同时,提出了以《中国海关统计年鉴》工业细分行业数据为基础,根据工业行业分类标准(ISIC)和协调编码(HS)对照表,计算各行业出口产品能源强度 η(即具体行业每单位产值能耗),进而测算各行业出口贸易产品中"内涵能源"的消耗量。这一方法既克服了投入产出方法受时序数据限制的影响,同时也比较全面地反映了工业各部门出口产品中"内涵能源"的消费状况。

考虑到目前的学者在计算这一指标时,都使用的是全国数据,即全国的分行业能源强度,但是由于区域存在行业生产技术水平的差异,发达地区和欠发达地区的各行业能源强度也差别较大,采用研究目标地区的数据重新核算更加科学。本书以下的研究将综合以上的思路,进行福建省的问题探讨。首先,考虑到测算的可操作性和本书研究的目标,分析直接跳过具体进出口商品的测算和企业层面数据的考察,将进出口商品的种类按照"规模以上工业企业主要能源产品按行业分组消费量表"的分类方法重新加以调整,用规模以上工业企业的数据代表行业的数据,测算出福建省每个出口工业品行业的各类"内涵能源"消耗强度,该行业的能源强度与行业出口额的乘积则表示该行业出口各类"内涵能源"总量。

$$E_{xi} = \sum_{j=1}^{k} F_j \cdot \sum_{i=1}^{n} \eta_{ij} X_i \qquad (6.11)$$

用E_{xi}代表第i种行业出口"内涵能源"总量,n代表根据上述分类后的具体行业,η_{ij}为第i种行业的第j种能源强度,X_i为第i种行业的出口总额,k代表总共使用的能源种类,F_j代表第j种能源的标准煤转换系数。

(二)福建省出口工业品中"内涵能源"及补贴规模测算分析

1.数据来源及表格处理

鉴于同口径数据的权威性、可获得性以及时效性的需要,本节选取的2007年福建省按规模以上工业企业为代表的行业生产总值数据、出口贸易总额数据以及规模以上工业企业主要能源产品按行业分组消费量均来自《福建省统计年鉴》(2008年)(由于2008年之后福建省统计年鉴的统计口径发生变化,故无法对相关数据进行更新)。各种能源折标准煤参考系数采用2008年6月1日正式实施的最新国家标准GB/T 2589－2008《综合能耗计算通则》(如表6.17)。

表 6.17　各种能源折标准煤参考系数

能源名称	折标准煤系数
原　煤	0.714 3
洗精煤	0.900 0
焦　炭	0.971 4

续表

能源名称	折标准煤系数
汽　油	1.471 4
煤　油	1.471 4
柴　油	1.457 1
燃料油	1.428 6
电力(当量值)	0.122 9

注:本表采用国家标准 GB/T 2589－2008《综合能耗计算通则》。折标煤等价系数随着发电煤耗的变化而变化,当量系数则是一定的,就数值大小而言,电力等价系数是当量系数的3倍。自2006年起,能源统计中"电力"的折标准煤系数,统一采用当量系数0.1229,即1万千瓦时电力,折合1.229吨标准煤,在此之前为4.04吨标准煤。

以下表格是按照国民经济行业分类标准采用 GB/T 4754－2002 将工业品分为从煤炭开采和洗选业到水的生产和供应业,共 39 类,考虑到煤炭开采和洗选业,石油和天然气开采业,黑色金属矿采选业,有色金属矿采选业,其他采矿业,石油加工,炼焦及核燃料加工业,废弃资源和废旧材料加工业,电力、热力的生产和供应业,燃气生产和供应业,水的生产和供应业共10个行业历年都不存在出口,故不在本节研究范围,从表格中剔除,剩余共 29 个行业(如表 6.18)。接下来的表格中,为简化需要,直接用表 6.18 中序号代表相对应的行业。

表 6.18　以规模以上工业企业为代表的行业分类

序号	项　　目	序号	项　　目
1	非金属矿采选业	16	化学纤维制造业
2	农副食品加工业	17	橡胶制品业
3	食品制造业	18	塑料制品业
4	饮料制造业	19	非金属矿物制品业
5	烟草制品业	20	黑色金属冶炼及压延加工业
6	纺织业	21	有色金属冶炼及压延加工业
7	纺织服装、鞋、帽制造业	22	金属制品业

续表

序号	项　目	序号	项　目
8	皮革、毛皮、羽毛及其制品业	23	通用设备制造业
9	木材加工及木、竹、藤、棕、草制品业	24	专用设备制造业
10	家具制造业	25	交通运输设备制造业
11	造纸及纸制品业	26	电气机械及器材制造业
12	印刷业和记录媒介的复制	27	通信设备、计算机及其他电子设备制造业
13	文教体育用品制造业	28	仪器仪表及文化、办公用机械制造业
14	化学原料及化学制品制造业	29	工艺品及其他制造业
15	医药制造业		

注：本表行业分类标准采用 GB/T 4754－2002。

2.测算结果比较分析

通过数据的处理，为保证测算的尽量科学性，考虑到其中部分生产环节不是在中国境内进行的，因此有必要引进国产化系数来进一步完善测算的结果，具体情况见附录。林伯强等（2009）就利用价差法测算了中国的能源补贴总量，目前这种方法在能源补贴的测算中被广泛采用，本节参考这一思路，利用上一步测算的出口内涵能源数据，并采用周勤等（2011）在文章中使用的价差数据来测算福建省规模以上企业在 2007 年的出口能源补贴情况，结果如表 6.19 所示：

表 6.19　2007 年福建省规模以上企业出口能源补贴测算结果

项　目	数据
煤炭消耗占比（%）	69.5000
石油消耗占比（%）	19.7000
煤炭折算标准煤参考系数（千克标准煤/千克）	0.7143
汽油折算标准煤参考系数（千克标准煤/千克）	1.4714
折算后的净煤炭消费量（万吨）*	310.4541
折算后的净汽油消费量（万吨）	42.7199

续表

项　　目	数据
引入国产化系数折算后的净煤炭消费量(万吨)	291.5358
引入国产化系数折算后的净汽油消费量(万吨)	40.1165
煤炭价差(元/吨)	68.0000
汽油价差(元/吨)	2 094.4400
出口能源补贴载量(亿元)	11.0585
引入国产化系数后的出口能源补贴载量(亿元)	10.4606

注:折算后的净煤炭消费量计算公式为:进出口内涵能源净值×煤炭消耗占比/煤炭折算标准煤参考系数,引入国产化系数折算后的净煤炭消费量的计算类同,只是用引入国产化系数的进出口内涵能源净值代替了原来的进出口内涵能源净值。折算后的净汽油消费量以此类推。

资料来源:部分数据根据周勤、赵静、盛巧燕(2011)计算结果整理获得。

从表中的测算结果可知:在不考虑国产化系数的情形下,福建省 2007 年的规模以上企业的出口导致的能源补贴流出金额达到 11.0585 亿元,在引入国产化系数后也有 10.4606 亿元。

三、简要评论

由前文的分析可知,中国的能源补贴政策是特殊的历史和经济环境下采取的干预措施,其对中国的出口贸易的发展起到了积极的促进作用。但是从上述的理论分析来看,中国作为一个发展中国家,出口结构中初级产品所占比重较大,也就是说出口结构占比较大的恰恰是技术进步缓慢、劳动生产率较低和价格需求弹性较大的部门,加上发达国家对初级产品替代品的开发和贸易保护主义的盛行,使中国出口产品的贸易条件存在长期恶化的趋势,导致中国在贸易利益上出现人为损失,也不利于中国贸易地位的实质性提升。另外,中国粗放型对外贸易特征使出口商品中低层次商品比例很高,其中大部分属于资源密集型初级产品和低附加值、低技术含量的工业制成品,出口增长是以资源消费和环境污染为代价的。从补贴的去向来看,这种补贴实际上是随着商品的出口补贴给了国外的消费者,从测算的结果来看,仅仅福建省的规模以上企业在 2007 年一年的出口补贴就达到了 10 亿元以上的规模,全国的规模则更加可观,这种政策的效果着实值得反思。与周勤等(2011)的研究结论一致:在开放经济条件下,中国政府在相当长时期内维持能源补贴政策是权衡贸易条件恶化和维持具有产业出口竞争优势之间的次优选择。结合出口贸易的发展与节能减排的双重目标考虑,能源补贴虽然对贸易的发展有一定的促进作用,但是其对节能减排的推动却是反向作用,补贴形成的低价能源只能导致进一步低效和浪费。因此,从这个角度而言,中国当前能源价格机制下的补贴政策对出口贸易和节能减排两者的调节都有一定的扭曲效应,长期内对这一机制的调整是很有必要的。

第六节 "低碳经济"引发潜在贸易争议和摩擦

一、"低碳经济"在国际范围内形成共识

"低碳经济"(low-carbon economy)概念首次出现在 2003 年英国政府发表的《能源白皮书》(UK Government,2003)中,其强调低能耗、低污染、低排放为基础的绿色可持续经济发展模式,立刻引起了国际社会的广泛关注。全球气候变暖严重影响人类环境和自然生态,导致水资源失衡、农业减产、生态系统严重损害,对人类社会可持续发展带来了巨大冲击,以低碳经济模式为基本内涵的发展模式成为各国的首选目标。在经济社会发展日益受到能源和环境制约的背景下,低碳经济作为应对全球气候变化、保障能源安全的基本途径和战略选择,正在全球范围内得到广泛认同。当前,发达国家已经纷纷向低碳经济转型。自英国之后,德国、意大利、欧盟、日本、澳大利亚、美国等纷纷提出了低碳发展政策。2007 年 7 月,美国参议院提出《低碳经济法案》,2008 年被称为"低碳元年",低碳成为政治、经济、外交、科研及新闻舆论的一个流行语,世界环境日也将主题确定为低碳经济。2009 年 9 月 4 日联合国发布了《2009

年世界经济和社会概览:促进发展,拯救地球》的报告,核心内容是如何协调发展目标和减少温室气体排放目标,以实现可持续发展。表面上低碳经济是为减少温室气体排放所做努力的结果,但实质上,低碳经济是经济发展方式、能源消费方式、人类生活方式的一次新变革,它将全方位地改造建立在化石燃料(能源)基础之上的现代工业文明,转向生态经济和生态文明。

低碳经济的战略目标给原先相对单一保证经济增长的经济发展模式加入了一个新的约束条件,也就是说现在既要保证低能耗、低碳排放,同时也要保证经济的持续增长。出口贸易作为经济增长的"三驾马车"中的不可动摇的力量之一,在当前全球化的背景下,在各国经济中都占有举足轻重的地位。世界范围内低碳经济增长模式的转变,势必引发对国际贸易行为的新调整,为适应新的经济发展模式,各国新的贸易战略随之出现,进而各国对贸易政策、贸易结构、贸易方式甚至贸易环节都要进行改进和优化。各国在对新的形势下的国际贸易问题的认识角度和应对能力上都有相当大的差距,未来贸易领域由此引发的各种形式的摩擦将不可避免。

二、贸易争议和摩擦的潜在点

低碳经济战略在各国的经济发展中地位的变化,使国际贸易行为为适应经济发展方式、能源消费方式、人类生活方式的变化而发生变化,从贸易规模到贸易环节都将可能是形成摩擦的争论点。

(一)低碳经济要求与国际贸易发展规模具有内在矛盾

Grossman 和 Krueger(1991)对 NAFTA 的环境效应的分析和研究认为在其他条件不变的情况下,贸易发展会扩大经济活动规模,经济活动规模的扩大使能源使用增加,进而会导致更多的碳排放,即所谓的国际贸易的规模效应。这一点是当前许多国家,尤其是以出口导向政策为主导的发展中国家不可接受的,净出口额是 GDP 的主要构成,贸易政策都集中在如何促进贸易规模的增加。相对而言,在这一问题上发达国家的立场和动机已经有所变化,单纯的经济增长已经不再是唯一目标,低碳经济模式已经提出更多的要求,尤其是对高耗能、高污染、高排放的商品的进出口上都会与发展中国家之间出现政

130

策分歧。进出口活动一旦结合低碳经济的前提,发达国家和发展中国家势必在多年来双方一直都接受的促进"贸易规模"增长的简单观念上出现矛盾。中国当前利用能源价格管制的措施实现出口规模的增长必将为发达国家所诟病。

(二)贸易结构与发达国家追求"低排放"的目标出现冲突

Kemp 和 Long(1984)认为能源产品既是一种商品,又是一种重要的要素投入,由此可知,不同进出口商品中"内涵"能源的不同是影响碳排放差异的重要原因之一。Machado(2001)和 Mukhopadhyay(2004)都尝试对各自国家的进出口商品中的能源消耗进行测算,结果表明进出口商品中的能源含量是不一样的。这些研究为各国实现低碳战略从进出口角度提供了思路:可以通过优化本国的进出口结构达到控制本国碳排放的目的。传统的国际分工基本是基于各国的要素禀赋完成的,各国在单一追求贸易比较优势的冲动下,完全忽略了贸易结构中隐含的碳排放问题,甚至一些国家为追求经济增长,明知是高污染、高能耗的行业,也必须发展。中国就是在这样的政策思路下支持出口贸易发展的,目前高排放、高污染的商品出口在整个出口规模中占较大的比例,且有逐步增长的趋势,发达国家对此是有异议的。

(三)能源补贴政策的"灰色地带"引起争议

从目前各国的实践经验来看,支持低碳经济发展的重要举措即政府补贴。各国政府既要履行减排承诺,又要保证为工业发展创造经济优势,都集中对可再生能源领域投资,环境影响小和节约能源的新产品开发投资,能降低能耗的新工艺的开发给予资助;对农业能源系统的优惠措施;对高效率工业电机的税收减免;对高效率家用电器的税收减免;制定免税政策鼓励节能,为购买节能型产品提供减免税优惠。低碳排放属于经济外部性行为,政府的补贴和干预具有其合理的理论依据,单靠企业的自主性投入将很难有效地解决问题,政府适当的补贴可以帮助企业进行相应的技术和设备的改进,降低企业产品的生产成本,提高产品在国际贸易中的竞争力,实现低碳与出口竞争优势的双重目标。如此一来,补贴行为将成为重要的贸易政策之一,而补贴的透明度和规模历来属于贸易管理中的"灰色地带",当贸易商品的竞争中加入补贴因素,由此而产生争议也是不可避免的。

(四)低碳经济模式下部分国家贸易品实行高技术标准壁垒

发展低碳经济的国家,大多制定更严格的产品能耗效率标准与耗油标准,促使企业低碳排放。对贸易商品,例如电冰箱、计算机,执行更高的节能效率目标。其中不乏严厉如日本者,对能耗效率采取的是"最强者方式",即空调等家用电器、汽车、新建住宅及其配套设备等行业,将能源效率最好的产品作为整个行业的标准。部分国家越来越强调产品在其整个生命周期都要进行低碳控制,纷纷制定 PPMs(生产过程和加工方式)标准。像其他传统的技术贸易壁垒一样,低碳的商品技术标准受到各国生产技术水平差异的制约,使各国的低碳制度、实施的低碳标准及采用的评价方法存在差异,尤其是发展中国家的技术水平落后,技术标准不规范,技术管理制度不健全,贸易商品在进入发达国家的市场时,低碳标准将成为后者一种变相的贸易壁垒,引发各国在贸易领域的争端,阻碍自由贸易的正常发展。

(五)低碳经济使各国对贸易环节、贸易方式的思考产生分歧

国际运输是国际贸易的主要中间环节,国际范围内的商品交换需要将商品从生产国运输到消费国。国际贸易的蓬勃发展增加了运输量,世界运输业所使用的能源中,石油占了 95%,这是碳排放的一个重要来源。根据欧盟环境署(European Environment Agency)的历年估计,在 2004 至 2007 年间,全世界每年与能源有关的碳排放的 23% 左右来自运输。国际社会越来越多的人希望贸易体制减少自身的"碳足迹"(carbon foot-print)——减少用以贸易的货物和服务在生产、国际运输和消费过程中产生的温室气体排放。"食物里程说"(food miles)成为一个新兴的概念,西方消费者希望通过"食物里程"计算国际运输过程中的碳排放,不少人得出的结论认为实现最大限度减排最好方法是"国内生产",也就是减少食品的国际贸易。不同的贸易方式对碳排放的影响也存在差别,如加工贸易即是一种将经济利益与碳排放影响分离的理想贸易方式,发达国家的"定牌生产"既保证了其产品的收益,又将碳排放的义务在国家间进行了合理的转嫁。无论是贸易环节还是贸易方式对碳排放的影响大小和最终意义目前都有待商榷,但是只要其已经引起关注,国家间由此而

来的贸易利益冲突就会产生。

（六）低碳经济下公共诉求对"正常的"国际贸易活动加以干扰

Monika Tothova(2009)的研究指出由国内公共诉求导致最终的贸易摩擦的路径：一项国内的公共诉求首先使国内的法规制度发生变革，若此法规制度涉及贸易商品，则视政府有没有给予国外优惠的待遇，若国内外政策一致，则视该国政府有无同其贸易国之间签订双边协议进行政策协调，若无，则贸易摩擦出现。正如前面的论述指出的那样，低碳经济实质上也是人类生活方式的一次新变革，它将全方位地转向生态经济和生态文明。随着发达国家的经济发展水平的提高，物质文明的进步使公众越发关心生态环境问题，各类绿色环保组织对贸易引起的高排放、高污染问题越发重视，其对本国政府政策的影响力日趋增加。低碳经济的趋势使这一力量找到新的诉求点，一些进出口产品从生产加工到包装销售的各阶段碳排放问题都可能受到环保组织和"绿色人士"的关注，继而对"正常的"贸易活动加以干扰。

三、WTO 争端协调机制困境

WTO 是协调各贸易国之间的摩擦最有效力的组织，然而其从来没有对环境与贸易进行单独的立法，其争端解决机构解决与环境相关的贸易争端的法律依据仅仅是 WTO 框架下与环境有关的若干贸易规则。WTO 内在机制在处理此类问题上一直存在着不可回避的缺陷，未来低碳经济新形势下的贸易摩擦将使其协调机制的局限性日渐暴露。

（一）WTO 宗旨中环境保护和贸易增长双重目标的两难

WTO 宗旨是促进经济和贸易发展，以提高生活水平、保证充分就业、保障实际收入和有效需求的增长；根据可持续发展的目标合理利用世界资源、扩大货物和服务的生产；达成互惠互利的协议，大幅度削减和取消关税及其他贸易壁垒并消除国际贸易中的歧视待遇。倡导环境保护与促进贸易增长，在WTO 的宗旨描述中，是一个很难简单取舍的复杂问题。其强调以实现自由贸易为最终目标的同时，明确将"可持续发展"作为基本目标之一，WTO 规则中许多例外条款还允许成员以非保护主义的方式优先考虑环境问题。因此可以说 WTO 规则在贸易与环境保护问题上,并非贸易"压倒"环境。当现实的经济发展进入一个新的时代,自由贸易与环境保护同时成为各国追求的战略目标,WTO 的机制陷入双重目标的两难境地。

(二)机制难以协调国际贸易利益与成员方低碳利益冲突

WTO 从其前身 GATT 开始,就一直在国际贸易利益与成员方的主权冲突问题上模糊不清,使用界定语言模棱两可。组织成立之初,为实现组织框架最大范围的临时适用,对各成员方自身的主权利益尽量保留,实现国际贸易利益与成员方其他主权利益的平衡,WTO 及 GATT 为此制定很多"例外条款"。这些条款在一国国际贸易利益与其他利益冲突时便成为被利用的对象,尤其是发达国家,一方面站在自由贸易的支持者的角度,极力推行便利政策措施;另一方面,在涉及本国经济利益或社会利益问题上,便毫不退让,WTO 的机制在处理争议中的作用受到制约和限制。成员方的低碳经济战略的实施,长期是全球利益所在,短期更多表现为国别利益。各成员难免在贸易领域同样会出现二者的冲突。届时 WTO 能否有效地履行其职能,着实让人心存疑虑。

(三)WTO 协调机制与其他国际低碳经济协定之间存在相互制约

《联合国气候变化框架公约》缔约方第 15 次会议于 2009 年 12 月 7 日至 18 日在丹麦首都哥本哈根召开,192 个国家的环境部长和其他官员们商讨了《京都议定书》一期承诺到期后的后续方案,就未来应对气候变化的全球行动签署了若干新的协议。WTO 框架下的多边贸易体制与多边节能减排协定有着共同的宗旨:维护全球环境,实现社会的可持续发展,但是由于两者有着不同的背景、不同的目标、不同的实施手段,相互之间的一些潜在的制约将成为 WTO 协调机制的羁绊。以《京都议定书》为代表的多边节能减排协定要求各国尽量减少高能耗、高污染、高排放的贸易活动,迫使有关国家加强合作,以实现全球低碳经济的目的,其中一些贸易歧视性和贸易限制性措施与 WTO 的基本精神相抵触。从国际协定的执行效力来说,WTO 并不能凌驾于其他协定之上,当一国既是多边节能减排公约的成员国,又是 WTO 的成员国,就不可避免地产生该如何履行两者之间相互冲突的国际义务问题。

134

本章小结

　　当前中国的能源价格机制是在特定的国情背景下的选择,一方面其为中国的出口贸易发展做出了积极重要的贡献,是近年来中国出口规模快速增长的主要原因之一。在一个经济落后,国民收入水平较低,国内资本、技术等缺乏的情况下,低价的能源要素使中国在出口上获得了一定的优势是无可厚非的战略选择。另一方面,随着近年来国内能源消费问题的日益凸显,碳排放等环境问题在国际范围的日益受到重视,中国作为一个发展中大国,在保证经济增长的同时不得不思考一个更加现实的问题,即如何应对节能减排的压力,在制定国家战略时将能源与碳排放约束加进来是不可回避的事实。

　　上述的结合"能源价格——出口贸易——能源消费"三者内在关系的分析让我们不得不面对一个制度的困境:当前中国的能源价格机制使中国的能源要素维持低价供应,在协调出口贸易与能源消费的战略目标上存在冲突。从出口贸易规模角度来看,低价的能源使出口获得能源要素优势,进一步促进出口规模增长,而出口规模的扩大又通过"内涵能源"的形式拉动了国内能源消费,进而给碳排放增加了压力。从出口结构对能源消费的拉动效应来看,无论是静态的分析还是动态的分析,其结论都支持出口结构的不断能源密集化是能源消费增长的内在推动力之一。当前的能源价格机制下出口结构的能源密集化趋势在上一章的分析中得到了理论与实证的确认,因此如何协调这一两难问题值得深思。出口贸易的发展对能源效率的改善效应在本章的研究中得以确认,无论是全国还是东部、中部和西部地区的出口贸易发展都对能源效率的改善具有一定的促进作用,而从价格促进效率改善的理论逻辑而言,低价的能源只能导致低效的能源利用,同样的结论是能源价格机制无法在出口贸易和能源效率的改善之间寻求最优状态。进一步对能源补贴机制对出口贸易的影响的机理探索发现,当前的能源补贴机制一方面对出口贸易获取出口优势具有一定的作用,但是未来会引发出口贸易条件恶化,导致能源补贴的实际外流,这是一种隐形的经济损失。对福建省的规模以上企业 2007 年的出口导致的能源补贴流失情况进行测算发现,仅仅是一年的时间里,光福建省的规模以上企业的出口就导致了高达 10 亿元以上的补贴流失。无论从长期的战略角度还是短期的经济利益角度而言,当前的能源补贴机制在出口贸易的支持上出现了政策的制约。最后,在当前国际范围内贸易摩擦频发的时期,传统摩擦的原因在 WTO 机制下逐步得到有效的调和,然而国家之间经济利益冲突的不可调和势必导致摩擦的长期存在,未来新兴的能源问题和碳排放的环境问题成为贸易摩擦的潜在点是必然的结果,当前中国的能源价格机制将会成为贸易摩擦生成的借口之一。未来如何协调好能源价格机制的改革和出口贸易的发展将是一个具有重要的现实意义的课题,我们将在后文对此加以论述。

第七章

全球分工体系视角下中国出口贸易发展战略取向

基于前文对当前中国出口贸易发展现状的分析,以及国内外能源相对价格差异的客观存在,思考中国未来出口贸易发展的战略方向,需要更加有力的理论支持。中国作为一个发展中的贸易大国,既要保障自身的能源和环境长期利益,同时又要保障自身在贸易领域的长久优势。本章将在前文分析的基础上,首先对国内外能源相对价格对中国出口贸易发展的贡献与制约做一个全面客观的评述。然后,从全球分工体系视角来分析中国未来出口贸易发展的战略取向。

第一节　国内外能源相对价格对中国出口贸易发展的积极贡献

由于国内外能源价格机制变迁历程的差异,国内外能源价格的差异化走势也呈现明显的阶段特点,国内外能源相对价格的变动对中国出口贸易的影响也同样呈现出经济发展的阶段性特点。以下按照中国经济发展的几个重要的节点进行划分,深入分析国内外能源相对价格对中国出口贸易发展的积极贡献。

一、改革开放初期至 1990 年代中期,低价能源形成要素优势

这一时期的中国经济才刚刚步入市场经济的轨道,国内的经济基础非常薄弱,在支撑经济发展的几大基本要素上,资本要素严重缺乏,技术要素与发

达国家差距巨大,中国在既无资本优势,又无技术优势的基础上,从当时的实际情况来看,没有经过训练的劳动力也是低效的,也就是说连劳动力优势都没有。此时的中国在国际产业分工体系中处于产业链的最低端,要在出口贸易上有所发展,只能依靠自然资源的优势,其中能源又是所有自然资源中对生产影响最大的要素。鉴于当时的能源生产供给能力有限,中国虽然也不能被视为是在能源要素上具有要素禀赋的国家(前文已有论述),但在严重缺乏其他竞争力的条件下,中国政府只能以能源价格管制方式获得国内能源要素成本优势,以降低国内企业的能源成本,进而降低最终产品价格,增强其国际竞争力。这一政策思路为当时的出口贸易发展起到了巨大的推动作用,当时中国一半以上的出口贸易产品来自附加值较低的加工贸易,其中资源和能源密集型产品出口占较大比例。从全球分工体系视角而言,这一阶段的国内外能源相对价格差异的存在,对国内出口贸易的启动具有至关重要的意义,同时伴随着贸易的发展,积累了重要的资本、技术和人力资本要素,为后期中国在全球分工体系中的地位攀升作出了巨大贡献。

二、1990 年代中期至 2000 年初期,价格控制促进出口结构升级

在前期依靠资源和劳动力的粗放式出口贸易的基础上,从 20 世纪 90 年代到 21 世纪初这段时间里,中国实现了出口贸易在全球分工体系中的快速升级。这主要体现在几个方面:首先,中国的出口贸易在这一时期得到了快速的发展,出口规模大幅度提高,进出口总额在世界主要贸易大国中的排名逐步靠前;其次,出口商品的技术含量和资本含量逐步提高,意味着出口结构在逐步改变单一的劳动密集型和自然资源密集型产品为主的状况;最后,贸易方式升级转变,从长期以来以单纯的加工贸易为主的"三来一补"形式向国内自主生产并出口的一般贸易转变。简单地看这些变化,似乎与能源价格政策毫无关系,但是仔细分析背后的机理,不难发现,这一阶段的发展同样是很大程度上得益于当时的能源价格机制,因为能源价格管制继续保持了国内能源价格对国际能源价格的绝对优势,使贸易中的能源成本得到控制,大量的能源密集型产品国际竞争力得到改善,能源密集型产业的发展互动推动了资本和技术密

集型产业的发展,从而实现了中国出口贸易在全球分工体系中的升级。与此同时,中国政府为了维持出口产品在国际市场的优势,进一步导致了对能源价格继续管制的黏性效应,无法实现国内外能源价格的接轨,只能利用政策维持国内能源相比国际市场低价的现状。

三、2000 年后至今,能源价格优势丧失导致出口竞争力削弱

由前文的统计分析不难看出,这一阶段是中国出口贸易高速增长的阶段,出口的总规模已达到世界前列,出口贸易的规模优势得到进一步的巩固,国家在技术进步、资本积累上都取得了很大的进步。近年来,伴随着出口贸易的快速稳定发展,一方面,国内部分能源品种的价格机制逐步尝试市场化改革,原油、煤炭等基本实现与国际市场的价格走势同步,整体能源价格与国际市场的差距减小,能源价格动态走势的波动幅度减小;另一方面,由于国际能源市场因为金融因素的介入和干扰,能源价格的走势出现了大涨大落的非常态情形,国内外能源相对价格则呈现出对出口贸易发展影响的多重效应。首先是出口贸易的发展对能源价格优势的依赖正在通过政策的调整得以减少,因为能源价格优势的逐步丧失和技术、资本等优势的形成,出口贸易发展脱离了单纯依赖能源价格管制的局面;其次,在国际能源价格急速下降的情形下,国内能源价格相对于国际市场调整之后,导致国内能源价格动态劣势形成,由此一来,中国的出口贸易在全球分工体系中的地位优势维持出现了一定的困难。

第二节　国内外能源相对价格下中国出口贸易发展的制度困境

一、较低的能源价格使中国出口贸易发展陷入比较优势陷阱

中国在能源价格管理上的特殊机制使中国在本国国内并不具备能源要素

优势的情况下,在能源密集型商品出口上形成了优势,中国的出口规模近年来持续增长与此不无关系,出口结构从劳动密集型向能源密集型的升级也跟这一能源价格管理模式有关。较低的能源价格一方面对中国近年来的出口贸易发展做出了积极的贡献,使中国的出口规模持续增长,与此同时,较低的能源价格对企业进行有效的节能技术改进的促进不利,使出口企业陷入低效率、低技术、高能耗、高污染的经营模式得不到有效的改善,表现出出口企业产业升级的动力和压力不足,中国的整体出口贸易陷入了能源密集化的比较优势陷阱。

二、当前背景下政策诉求对中国出口贸易现有优势造成冲击

随着近年来国内能源消费问题的日益凸显,碳排放等环境问题在国际范围的日益受到重视,中国作为一个发展中大国,在保证经济增长的同时不得不思考一个更加现实的问题,即如何应对节能减排的压力,在制定国家战略时将能源与碳排放约束加进来是不可回避的事实。从出口贸易规模角度来看,低价的能源使出口获得能源要素优势,进一步促进出口规模增长,而出口规模的扩大又通过"内涵能源"的形式拉动了国内能源消费,进而给碳排放增加了压力。从出口结构对能源消费的拉动效应来看,无论是静态的分析还是动态的分析,其结论都支持出口结构的不断能源密集化是能源消费增长的内在推动力之一。在当前国际国内节能减排的政策诉求背景下,能源价格杠杆的使用势必会动摇到中国出口贸易的现有优势的基础。

三、能源价格走势的滞后波动影响中国出口贸易稳定持续发展

从能源价格的调整机制来看,无论是电力、成品油还是天然气的价格调整都是由国家发展改革委员会在参考国际市场的价格变动的前提下,根据一定的指标设计,在符合指标的要求的前提下,再进行价格调整,从实际的操作情况来看,这种模式的管理对维持价格的稳定,缓冲能源价格的变动对经济的冲击起到了十分重要的作用。与此同时,我们应当看到,这种机制的明显缺陷在于其在价格调整上的滞后性,导致的直接的结果是,无论是价格上涨或者下跌都要滞后于国际市场,在前期国际能源市场价格持续上升的背景下,极易形成

国内外人为的能源价格差。就能源成本而言，一方面稳定了成本，另一方面，在成本上升过程中可获得滞后的优势。近两年的国际能源市场趋于缓和，能源价格迅速回落，表现出国内能源价格回调的滞后性，致使动态的角度而言，中国在能源相对成本上失去了优势，直接表现为中国的出口贸易的发展势头受阻，一度出现负增长的局面，长期而言，这种现象也不利于中国出口贸易的持续稳定发展。

第三节　能源政策和贸易政策视角的对策建议

国内外能源相对价格差异现象是由国内外能源价格机制差异所导致的，国内一直采取的能源价格管制措施为中国的出口贸易发展做出了巨大的贡献，但是随着能源领域"节能减排"诉求的越发强烈，政策制定既要逐步实现国内外能源价格走势的同步化，又要保障出口贸易发展的稳定性。以下分别从能源政策视角和出口贸易政策视角提出几点建议。

一、采取合理的能源政策来降低国内能源价格差异的冲击

首先，建立能源市场价格平抑机制，缓解国内外价格差异对出口的短期冲击。

在当前国际国内能源环境日益复杂的背景下，要缩小国内外能源价格波动差异，进而缓冲其导致的经济影响，必须有有效的市场平抑机制来对市场的稳定性加以保护。当前国际能源市场受到国家间的政治因素影响较大，国际油价波动也越发频繁，能源金融市场的建立虽然从某种程度上缓解了这种外生的干扰，但是金融市场上衍生的金融风险也在某种程度上加剧了市场波动的幅度。推进国内能源价格机制的改革步伐的同时，考虑建立国内的能源储备机制，用于平抑短期市场的过度波动下的价格。从出口贸易发展的视角而言，能源价格的平抑机制可有效地缓解国内外能源价格差异的短期冲击。

其次,逐步实现国内外能源价格波动同步化,长期缓解其对出口贸易的影响。

在一个有效的市场机制下,政府的主要职责是监督和调控。政府要在改革中逐步退出价格制定者的角色,而转变为价格形成的监督者,同时,建立以市场调节为主的能源价格形成机制,就要促进能源行业竞争机制的形成,让更多的、符合一定资质的企业能够通过竞争的方式获得平等的机会,通过有效的竞争促成行业的良性循环。对不合理的定价给予纠正与惩治,维持市场的正常秩序。逐步培育实现能源价格市场化的市场基础,进而真正与国际能源市场接轨,实现国内外能源价格波动的同步化,使其对出口贸易的影响降到最低。

二、从出口企业角度来应对国内外能源价格差异的影响

首先,支持出口企业构建有效的能源价格冲击的应急防范机制。

国内外能源价格差异的存在,是各国经济发展不平衡下的必然产物,出口企业要在激烈的国际市场进行竞争,必须正视这一现象的客观存在。政府通过政策支持和引导企业利用能源金融市场的远期合同、期权期货等产品来规避能源价格的差异波动带来的冲击。同时,企业自身也可以通过进行适当的能源储备,来缓冲能源价格的国内外差异波动带来的不确定性影响。

其次,利用有效的财税政策,促进出口企业进行出口结构的调整。

目前从出口产品的能耗视角来看,很多出口产品的能源消耗比例都较高,此类行业的出口竞争力受到能源价格的波动影响最大,相对而言,低能耗、低排放的行业出口受到能源价格的差异化波动的冲击较小。政府必须首先明确地将出口行业进行归类,进而采取差别化的财税政策进行干预。对于高能耗、高排放的行业政策以限制和控制为主;对由于客观原因无法进行限制的行业,应加强技术改造和升级工作。同时,应积极引导企业大力发展低能耗、低排放、高技术含量的新兴产业,合理利用税收、补贴等手段促进出口企业在这些领域的竞争优势构建。长期而言,这是应对能源价格国内外差异带来的负面影响的治本之术。

最后,企业自身应通过采取灵活的贸易方式,加大技术改进等来应对冲击。

条件成熟的企业到海外开拓市场,通过"走出去"的方式来替代部分能源密集型产品的简单出口的贸易形式,进而减少国内外能源价格差异引发的出口商品成本变化,可直接利用国内或者国外的相对低价的能源。规模以上企业要力图拓展企业的全球网络资源,通过设立海外分、子公司,并与海外分、子公司之间进行交易,来实现能源价格内部化,有效规避国内外能源价格差异的影响。同时,企业加大节能技术改进,最大限度降低产品从生产到出口过程的能源投入,从长期角度而言,也是企业避免国内外能源价格走势差异产生的负面影响的有效手段。

第四节　全球分工体系视角下中国出口贸易发展战略取向

前文基于当前国内外能源相对价格背景下,对中国出口贸易的发展问题进行全面分析,结合能源消费和碳排放问题来重新思考能源价格问题与出口贸易发展之间的内在关系。从研究结论看出,中国现阶段维持出口贸易规模(量的问题)的持续发展是有必要的,虽然短期内对能源消费产生影响,但是长期影响效应并不明显。高能耗的出口结构(质的问题)不利于节能减排战略的实施。以此为前提,我们从全球分工体系的视角思考中国未来出口贸易发展战略的取向。

所谓的"战略"就是指一个长期的规划和安排,它既包括了发展的终极目标,也包括实现终极目标的中间过渡阶段的安排步骤等,所以它既是一个结果,也是一个过程的控制。中国的出口贸易在当前的国际国内经济环境下,未来怎么走,走向何方,确实需要全盘的定位和思考。

一、全球分工体系的理论脉络及现状概述

我们这里谈到的"全球分工"同样源于亚当·斯密的分工概念,只是将分工的视角从一国延伸至全球,将全球视作一个大的经济体,而各个国家则是每个分工角色。国际分工理论的发展经历了绝对比较优势、相对比较优势、要素禀赋理论、偏好需求差异理论、不完全竞争市场理论以及竞争优势的理论历程,每个阶段都有其代表性的经济学家,从亚当·斯密、大卫·李嘉图、赫克希尔和俄林、林德到克鲁格曼,都从不同的角度阐述了某一分工现象,从一开始注重国际分工中国家在出口贸易上优势产生的根源分析逐步发展到研究国家如何获取出口贸易的竞争优势。理论不断被丰富和演化的同时,其对现实的指导意义也越来越重大。

为后续分析的需要,我们从全球分工的视角,先将全球各国在分工中的地位进行简单的划分,大致分为三大类:居于全球分工体系高端的以知识和技术为核心竞争力的发达国家,包括美国、日本和主要的欧洲国家等;居于全球分工体系中端的以资本积累为竞争力的新兴经济体,包括韩国、泰国、巴西等国家;最后是居于全球分工体系最低端的以劳动力和资源优势为竞争力的发展中国家,主要代表为越南、东欧国家以及大部分的非洲国家。这样的分工体系构成了一个鲜明的价值链环节,从低到高的阶层分布,各个国家都在依据自身的经济条件进行分工定位,而从动态的角度而言,各个国家又都在进行着分工价值链的攀升突破,即努力从低端分工阶层向高端分工阶层跨越。

我们把视角从中国单方面的出口发展转向现实的全球贸易分工体系,尽管中国的出口贸易有了很大的发展,但控制全球市场的主体力量仍然是发达国家及其跨国公司,新兴国家在整个分工体系中只是从属和辅助的角色。如此则不可过高地评价中国出口贸易的现实成就,不断扩大的规模只是"量"上的积累,在"质"上的提高才是保证中国出口贸易在全球贸易分工体系中的地位提升的渠道。如何从简单的"量"的积累向"质"的提升转变则需要政府和市场两种机制的有效融合和协调,政策机制的导向和市场机制的推动实现良性的互动才能实现最终战略。而资本的积累与技术的投入是市场机制下实现国

家在国际分工体系中"蛙跳"升级的基本前提(克鲁格曼等,2000)。中国一方面要改变长期以来依靠能源价格政策控制获取的"国内外能源相对价格"形成的"优势",避免出口贸易发展带来的高能耗、高排放、高污染的低端层次的恶性循环;另一方面,依托多年来积累的资本和技术基础,抓住当前全球分工体系再造的良机,寻求本国在全球分工体系中的地位提升是理性之选。

二、全球分工体系视角下中国出口贸易发展战略方向选择

基于前文分析的前提,理性地总结中国出口贸易的战略目标和实现路径应当是:在维持其在已有国际分工与贸易体系中的分工地位的基础上,动态地实现其地位的提升,最终实现在国际分工体系中获得有利且稳定的贸易地位。以下简要地总结中国出口贸易发展战略的三个取向:

首先,维持在全球工序分工与贸易体系中的已有地位。

全球工序分工与贸易体系的特点是工序分工和分工网络化,其实质是各国展开在全球价值链上的工序区段分工。在这个分工体系中,比较优势成为现实分工贸易的主要基础(曾铮,2010)。中国近年来由于具有劳动力数量上的优势和政策干预下的能源要素优势,从全球贸易分工体系的视角来看,中国目前处于劳动力密集型和资源密集型的低端层次地位。相比较而言,发达国家在资本积累和技术进步上的优势,使其在贸易分工体系中占据了资本密集型和技术密集型产业的制高点,与中国等发展中国家之间形成了地位上的制约关系,贸易利益的分配与贸易格局的控制权都掌握在"价值链"的高级环节,故中国当前的贸易优势并不是稳定和可持续的。在全球工序分工与贸易体系中,价值链的竞争必须以市场为导向才能实现持久均衡。作为新兴市场国家的中国而言,有效维护自身在全球价值链中的分工地位是第一步必须明确的战略定位,失去了在全球价值链中的已有地位就失去了进一步融入全球工序分工与贸易体系的机会,就有可能被排斥在现代分工与贸易体系之外,已有的贸易利得也将丧失殆尽(曾铮,2010)。因此,中国通过对现有出口贸易地位的巩固与发展,扩大出口贸易规模,继续实现资本与技术的战略积累,才是未来实现在全球分工体系中价值链攀升的基础保障。

其次,利用贸易方式的转变实现与分工体系中的其他国家合作互动。

从中国现阶段在全球贸易分工体系中的位置来看,基本需要面对以下几个类型的国家:价值链上端的发达国家、新兴发展中国家和一直处于价值链低端的落后发展中国家。发达国家自身在贸易领域的优势积累使其获得了引导贸易格局的地位,利用其资本和技术积累的优势,不断开拓新的贸易市场空间,同时将价值链上的落后环节通过外包的形式过渡到新兴国家中,这些环节的承接成为中国与部分新兴国家之间获取新的贸易发展空间的机遇,故中国与部分新兴国家之间存在着一定意义上的竞争关系。落后的发展中国家由于历史或者其他的原因被滞留于全球分工体系的低端,但是其在劳动力和自然资源上的天然优势使其未来势必会成为外包演进的重要目的地。通过上述的分析,我们看到了中国当前在全球贸易分工中与其他主体国家之间的关系,中国当前应理性处理这些关系,实现与每个分工主体的良性互动与合作,为未来出口贸易的发展提供更加明晰的目标。与发达国家之间,创造良好的外包承接环境和条件,通过政策引导原有环境优势转变,把握住分工中更有优势的环节的承接先机;与新兴国家之间,则在竞争的同时需要加强合作,互通在技术积累和资本积累上的经验;落后发展中国家则是未来中国贸易转型的承接市场,他们的劳动力和资源优势应当是中国在贸易方式转变中的有力合作伙伴。通过与上下游国家的互通合作,实现出口贸易结构的优化升级,跃升至价值链的高端部分,改变当前出口结构中体现的较高能耗的特点,实现出口贸易发展"质"的提升,将部分较高能耗的产业转移至相对产业链低端的发展中国家。

最后,通过资本与技术的积累实现分工的地位的升级。

在全球工序分工与贸易体系中,新兴市场国家虽然通过自身的比较优势融入了国际分工与贸易体系,但是其在全球生产网络中的分工地位面临"锁定"的困境,贸易分工利益难以升级。要实现贸易利益持续升级和分工贸易持续发展,新兴市场国家就必须在全球工序分工与贸易体系中寻求更大的发展空间(曾铮,2010)。通过出口贸易自身的稳定发展一方面实现资本与技术的不断积累,为贸易分工地位的升级提供基础保障;另一方面,通过与价值链上下环节的合作互动,实现市场机制对分工升级的推动。从中国当前的情况来看,在这两方面都需要继续不断加强,保证当前出口贸易的稳定发展是首要的政策目标,在此基础上,加大与国际市场的合作与交流互动是进一步推动中国贸易质量提升的有效途径,最终获得贸易强国的国际分工地位。大国在技术和资本上的优势有助于中国出口贸易发展中的"质"的提升,可以实现在维持贸易发展的同时,将先进的技术融入产业中,实现出口贸易的"低能耗、低碳化"。

本章小结

　　中国的能源价格管制政策措施下形成的国内外能源相对价格差异现象,将其与中国的出口贸易发展历程联系起来,不难发现,其为中国的出口贸易发展和优势积累做出了巨大的贡献。但是随着世界和国内经济发展进入新的阶段,能源和环境领域的问题的凸显,以及中国出口贸易发展的长期利益角度的考量,现有的能源价格政策已经逐步暴露出其对出口贸易发展的制约,形成了制度困境。采取合理的能源政策和出口贸易政策的协调措施来解决这一问题是十分必要的。从全球分工体系的视角而言,中国虽然已经成为"量"上的出口贸易大国,但是在"质"上仍然处于全球分工体系的相对低端。结合当前全球分工体系的格局和趋势,从国际分工秩序视角来看,继续保持中国在出口贸易上的现有优势,稳定出口规模发展,继而通过与发达国家的产业互动,积累资本与技术,实现价值链的攀升,改变当前"高能耗、高排放"的低端贸易发展模式,实现出口结构优化,寻求在世界市场上更大的竞争空间是未来中国出口贸易发展的可行道路。

中国能源价格机制改革与
出口贸易发展战略协调

从中国的现实国情来看,经济增长取得了举世瞩目的成就,出口贸易的发展形势喜人。但正如早在 2009 年两会期间,全国政协经济委员会相关负责人提出的那样,虽然中国经济社会发展步入新阶段,但中国目前严峻的现实却是,快速的经济增长掩盖了高消耗、高污染、低效率和粗放式发展的现实。一直以来,偏低的能源价格看似提高了高耗能、高污染和资源性产品的国际竞争力,实则让发展丧失了持久动力。国内外能源价格差异的存在无论从能源价格机制自身的角度还是出口贸易发展的角度都是不可持续的。

第一节 中国能源价格机制改革的必然性与政策取向

一、中国能源价格机制改革的战略意义

(一)能源供求保障的战略意义与能源价格杠杆低效

能源作为经济活动中不可缺少的基础生产要素,其对一国经济的发展具有重要的意义。随着世界经济的高速发展,由于资源的有限性,加之能源分布的不均衡和需求量的不断增加,能源的总量相对于经济的增长表现出的不足正日渐成为各国关心的焦点。正如美国汉普夏学院和平与安全问题专家、《外交政策聚焦》杂志专栏作家迈克尔·克拉雷教授所说,"能源安全"已成为最令人不安和最受人关注的一个问题。这种状况从根本上改变了人们对剧烈改变

的国际体系中的"实力"和"影响力"的看法,进而迫使决策者从一种全新角度去看待全球局势。目前世界各国都意识到这一问题的严重性,都在为保证未来能源的安全而制定本国的能源发展战略,采取积极的对策,纷纷将能源全球战略问题加入到本国的经济战略中,以期实现本国经济长远的可持续发展目标。

首先,简单的供求理论告诉我们,在一个市场经济体系中,价格作为市场调节的杠杆,能够自发地协调生产者和消费者之间的供求矛盾。较高的价格表明能源具有较高的稀缺程度,消费者会因收入约束而尽可能地减少对这种能源的消费,最终实现能源的供求平衡和高效使用,生产者相应地会增加能源的供给以满足市场的需要,以实现自身利益最大化的目标。中国当前的能源价格机制下的能源价格受到政策的管制,保持在较低的价格水平,这样一方面导致相对于能源供给的过度需求,表现为高耗能行业的盲目扩张和其他经济领域能源使用的低效率,前述的分析已经看出目前中国在能源需求上的态势;另一方面,抑制了能源供给者的积极性,无论电力企业的"电荒"还是石油企业的"油荒",除正常的市场原因之外,企业自身的供给积极性不足也是原因之一。这种局面从节能减排的战略目标上而言,是非常不利的,同时,从保障国民经济正常运转的能源供给方面而言也是非常危险的。当前的能源价格机制使能源价格这一市场调节的杠杆在实际应用中的效率被削弱了。

其次,从中国对国际能源市场的依赖度来看,早在20世纪80年代中国就是一个石油净进口国,2009年开始又从煤炭的净出口国变为净进口国,无论是国内的原油价格还是煤炭的价格都开始直接与国际能源市场的价格相关联。近年来,世界经济一直保持强劲增长。与发达国家工业化进程已经结束不同,以中国和印度为代表的发展中国家不仅经济增长速度快,而且正处于工业化的关键时期,能源需求增长速度很快,对世界新增能源需求的贡献较大。国际市场上,能源需求的快速增长和供给的弹性偏低导致了价格的快速上升。但是,由于能源仍然实行政府定价或控制,国内能源价格不仅低于国内市场的均衡价格,而且普遍较大幅度地低于国际价格。与此同时,由于中国的能源供需形势与世界能源市场联系越来越紧密,中国需要以世界能源价格为参照系来形成国内能源价格,但是国内能源价格的形成机制在一定程度上屏蔽了世界能源价格上涨的信息,世界能源稀缺程度对于中国能源供需的调节效果非常有限。总体来看,目前国内能源价格既不能反映国内能源的供需状况,更不能反映国际能源市场供需关系的变化。这种扭曲的能源价格只会对能源的直接与间接的出口起到促进作用,加剧国内能源的供需紧张程度,导致国内能源供求保障的不稳定(李康明,2009)。

(二)环境保护战略诉求与能源价格调节机制的低效

中国环境保护部部长在2011年全国环境保护工作会议上表示,"十二五"期间中国环境保护面临四大严峻挑战。一是治污减排的压力继续加大。中国工业化、城镇化快速发展,经济总量仍将保持高速增长,能源资源消耗还要增加,环境容量有限的基本国情不会改变,治污减排指标在增加、潜力在减小,在消化增量的同时,持续削减存量,任务十分艰巨。二是环境质量改善的压力继续加大。常规环境污染因子恶化势头有所遏制,重金属、持久性有机污染物、土壤污染、危险废物和化学品污染问题日益凸显,人民群众对享有良好环境的新期待有增无减,水、空气和土壤环境质量全面改善的任务非常复杂。三是防范环境风险的压力继续加大。环境违法行为时有发生,突发环境事件呈高发势头,自然灾害引发的次生环境问题不容忽视,保障环境安全的不确定因素增多。四是应对全球环境问题的压力继续加大。气候变化和生物多样性等全球性环境问题,已经成为各国利益博弈的焦点。随着国内二氧化碳、二氧化硫等排放量逐渐居世界前列,中国将承受更多国际压力(新华网,2011)。

正如第三章中对能源要素的性质的分析中所述的那样,与其他一般性商品相比,能源在开发、加工、运输和使用过程中有着较强的外部性,例如开采地区的环境破坏、大气污染、水污染等。目前国内能源价格基本上是实行政府定价或政府指导价(郭海涛,2008)。在这种机制下形成的价格只反映了能源的开发成本,而没有全面覆盖环境破坏成本和安全生产成本,也就是说能源使用者并没有为能源开发支付环境成本和安全生产成本,或者说目前的能源价格内容是不完整的。不能反映能源安全和环保等外部性问题的国内能源价格,一方面导致了对能源的过度需求,另一方面导致了由于能源的消费引发的环境污染和二氧化碳排放压力日益增大。

从以上分析可以看出,中国能源价格形成机制改革无论是从保障能源供求的角度还是从保护环境的角度都具有战略的意义。因为与以前的经济增长不同,目前中国经济进入了重化工业发展阶段,对能源的需求将会以更快的速度增长。如果中国不能在调节需求、提高能源效率上取得进展,中国经济的可持续发展将会面临严重挑战。在能源价格形成机制不能正确反映市场供求关系、不能及时调节市场供求的条件下,价格形成机制的改革是改变目前能源需求过快增长和使用低效率的最有效手段(李康明,2009)。运用价格杠杆,从经济利益上调动各方面的积极性,发展生产,提高效率,抑制过度需求,引导消费模式的转变,将对国民经济全面协调发展和能源行业本身的可持续发展起到积极作用。

二、中国能源价格机制改革的政策取向及能源价格走势

(一)能源价格形成机制市场化取向

首先,从当前能源领域面临的几个主要问题来看,其形成的根源是由于管制下的能源价格的扭曲,其基本的市场调节功能被弱化。审视当前面临的主要能源问题:能源供求的缺口不断扩大,固然是由于是经济增长对能源消费的拉动所致,而能源企业在能源供给上的积极性缺乏则完全是由于能源价格的管制所致;"煤电顶牛"则是在煤炭价格形成机制基本实现市场化的情形下,下游电力价格仍受到严格管制导致的,电力企业在电力销售价格被管制后,仍需要面对市场机制下的高煤价形成的电力生产成本,在自身利益得不到保障的情况下,电力供应的积极性受到打击。与此相类似的就是成品油与原油的价格关系,原油价格虽然已基本实现与国际市场接轨,但是成品油的定价权一直牢牢地抓在发改委手中,如此则"油价倒挂"现象不足为奇了。另外从"节能减排"的战略高度而言,要真正协调好能源的消费问题以保证经济的可持续发展,市场化的价格杠杆是最好的调节手段,企业在面对能源价格时自身根据成本调整生产,实现由价格信号引导企业的决策的机制,可有效地协调好节能减排与经济发展的双重战略。

其次,从主要发达国家能源市场改革的经验来看,普遍存在着由管制过严到管制放松的过程,能源价格市场化是一种国际趋势。美国在天然气定价上的改革、英国在电力定价上的改革、日本成品油定价改革以及韩国的能源定价机制最后都回归到市场定价的模式,他们的实践经验也很好地证明了市场化对解决能源领域问题的有效性。相反,拉美诸国的做法却在长期内对本国经济产生的破坏性更明显,不仅使能源消费造成浪费,也使经济发展的模式受到制约,陷入恶性循环的怪圈之中。同时,只有真正实现能源定价的市场化才能有效抑制垄断价格的形成,前文的论述中已经指出了能源的价格特性容易形成垄断价格,中国当下的能源价格的问题也有部分与能源企业的垄断有关。要从根本上解决这一问题,保证市场消费者的利益不受损害,通过市场化来促进市场主体之间的竞争以缓解垄断是有必要的。

最后,从能源价格形成机制市场化的条件来看,中国能源价格的政府管制条件已经被破坏,逐步市场化的环境正在建立。以下分别从价格管制的三个市场前提条件来看:一是市场封闭是价格管制的基础。中国改革开放的不断推进,使能源行业也走出完全封闭的状态,国内市场正按照入市承诺逐步放开,外部竞争机制已引入。二是资源单一,自给自足。近年来的发展使中国的能源行业已形成了多能源品种的市场格局,石油和煤炭对外的依存度不断提高。三是经营主体单一,没有形成充分竞争。目前中国的能源经营主体在不断的改革推动下,无论是煤炭、石油还是电力行业都实现了经营主体多元化的目标,多种经济成分的存在使能源行业中国有经济统治天下的局面被打破,国外多家能源性企业已经以不同方式进入中国市场。总而言之,从市场化所具备的外部条件来看,原有机制存在的空间已经被压缩,逐步市场化条件也已基本具备,推行能源价格形成机制向市场化过渡是可行的。

(二)能源价格调节机制改革取向

首先,从中国能源税收机制的应用来看,能源税在节能减排与调节能源市场供给上都尚未发挥功能。能源税收税种单一,征收范围窄,单位税额不合理。中国现行的资源税课税范围只有 7 个税目,对大量的自然资源免税,造成了无成本、无代价地过度开采利用自然资源(谭宗贤,2005)。从理论角度而言,无论是现代西方经济学理论还是发展经济学中的可持续发展理论都对中国当前能源税的有效性提出改革的诉求。税收的基本功能就是调节市场机制缺失下的外部性问题,当前中国的能源外部性问题尤为突出,稀缺的自然资源被低价地过度开发与使用,能源的过度消耗引发的污染和排放问题都没有得到有效的控制与惩戒。中国政府在实现能源价格形成机制市场化的改革推动的同时,作为一项重要的配套改革措施就是促进有效的能源税收机制的出台。可持续发展理论强调以不超越自然生态环境系统的承载能力为前提,而且"能满足当代人的需要,又不对后代人满足其需要的能力构成危害的发展",也就是说当代人的发展也不能对后代人的发展构成威胁,即强调了代际公平(韩凤芹等,2008)。从前文的论述来看,中国目前能源消费问题突出,一方面,高能耗、高排放的经济增长模式依然没有得到有效的改变,不断增大的能源供求缺口和对外能源的依存度都对国家的能源安全带来挑战。另一方面,能源价格调节机制的缺失使节能减排的效果受到制约,其中中国能源消费相关的税收政策缺失也是重要原因之一。节能减排需要从根本上改变能源价格的形成机制以调节市场供求,能源税是重要的能源价格调节手段,政府采用合理的能源税收机制的干预是必然的选择。

其次,从能源补贴机制的改革取向来看,改变现有补贴的规模和补贴模式是能源价格形成机制市场化的有效补充。补贴是政府用以实现经济、社会和环境目标的多种政策工具中的一种。特别是能源补贴,能够弥补由于能源外部性导致的市场失灵,在国际竞争中保护国内企业,避免潜在的失业,减少能源贫困,为特定的社会群体提供更多的现代能源服务(UNEP/IEA,2002)。目前化石能源补贴占总能源补贴的绝大部分,但对化石能源的补贴,通常会导致低效或无效的能源消费,造成能源消费过度和二氧化碳等污染气体排放增加。而且化石能源补贴还将社会推向消费和生产无效的路径。一方面是对化石能源的依赖,另一方面,补贴会锁定某些技术而将其他更有前景的技术排除在外(姚昕等,2011)。因此,当前的中国能源的生产者补贴是导致能源低价的重要原因之一,由此产生的政策效果是鼓励过度的能源消费,抑制了能源使用技术的改进,进而也造成碳排放的增加;同时,由前述对补贴规模的测算可看出补贴额巨大,而伴随出口流出的补贴则是国内国民福利向国外国民的一种无条件的让渡。长期来看,首先改革补贴的模式以实现利用补贴来引导能源使用技术的改进,减少补贴造成的生产者超额利润,减小补贴的规模,要使用更多的市场手段来规范能源领域的竞争。最后,必须改革由于补贴造成的国内国民福利外流的现象,保证本国国民的根本利益。

(三)中国能源价格机制改革与能源价格走势

首先,从供求理论的分析来看,在市场经济中商品的供给与需求的数量关系决定价格及其变化方向,价格水平及其变化引导供求数量的调整,依靠市场力量自动调节资源配置。当供给大于需求时,即 $Q_s > Q_d$,形成买方市场,此时 $P\downarrow$、$Q_s\downarrow$、$Q_d\uparrow$,最终实现均衡状态 $Q_s = Q_d$;供给小于需求时,即 $Q_s < Q_d$,形成卖方市场,此时 $P\uparrow$、$Q_s\uparrow$、$Q_d\downarrow$,最终同样 $Q_s = Q_d$,这就是所谓的市场机制(丁志华等,2011)。前文的分析已经大致描述了当前中国能源供求的概况,同时对未来中国能源的需求走势和供给走势作了简单的分析预测,在未来能源需求继续上升,能源供给增长有限的情形下,能源价格一旦从管制状态放松,价格便会按照市场机制运行,上涨是大势所趋,如图 8.1 所示。

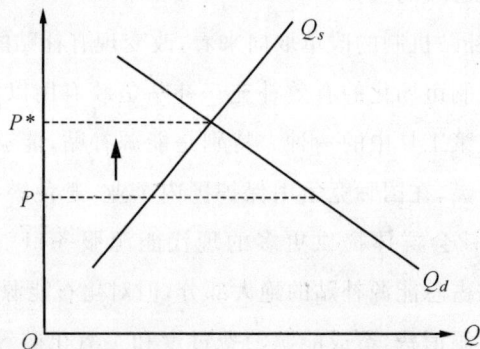

图 8.1　管制下能源价格向市场价格过渡的走势

其次,从能源价格调节机制来看,能源税的功能发挥就意味着能源生产环节或者消费环节的税收负担将增加。从能源要素的成本而言,不管税收的计量方式是价内税还是价外税的形式,能源要素的成本都会因此上升。能源补贴从前文的分析来看,随着能源领域和经济领域诉求的变化,补贴的规模和方式的转变,一方面会减少生产者的超额利润,能源生产企业势必试图通过价格的上涨来转嫁损失;另一方面,补贴的减少会导致产量的下降,使市场价格趋于上升。因此,从各个角度而言,随着当前能源价格机制的改革,能源价格上涨的趋势是基本确定的。

再次,国内外能源价格走势将逐步接轨。将能源价格的形成与调节机制放开的目的,就是减少政策对价格形成的人为干预,由市场供需来决定和调节,如此将最接近国际能源市场的状态。通过国内的能源价格机制改革,创造更接近于国际能源市场的市场环境,必然也会进一步导致国内外能源价格差异的缩小,走势波动的同步化,即在尊重国内外能源相对价格差异的前提下,最大限度地减小国内外能源价格走势幅度差异。

第二节 中国能源价格机制改革后对出口贸易的影响

一、已有学者对封闭条件下的一般均衡分析

可计算一般均衡(CGE)模型作为政策分析的有力工具,将瓦尔拉斯的一般均衡理论,由抽象的理论形式转变成一个可计算的关于现实经济的实际模型。它借助方程、变量以及经济系统的真实数据,用模型语言复制出现实经济系统后,可全面定量分析经济政策对宏观经济的影响。CGE 模型的一般均衡框架使它具有清晰的微观经济结构和宏观与微观变量之间的连接关系,能描述多个市场和机构的相互作用,可以估计某一特定的政策变化所带来的直接和间接影响,以及对经济系统整体的全局性影响(胡宗义、刘亦文,2010)。Johansen 1960 年提出了世界上第一个 CGE 模型,其后在该领域的研究一直处于中断状态,直至 70 年代,世界经济受到诸如能源价格或国际货币体系的突变、实际工资率的迅速提高等较大的冲击,同时,CGE 模型细化处理的能力日

益提高,这两个因素引起了人们对 CGE 模型的兴趣(赵永、王劲峰,2008)。胡宗义、刘亦文(2010)采用澳大利亚 Monash 大学和湖南大学联合开发的MCHUGE 模型,这是一个以中国经济为背景的单国多部门动态 CGE 模型,由一个包含十几万个方程的方程组体系以及大量的经济数据和参数构成。采用 GTAP 第六版中国数据库,在此基础上利用 2006 年 3 月澳方根据新近公布的 2005 年中国投入产出表对其中部分数据进行了更新,保证了数据的及时性和政策分析的有效性。MCHUGE 模型主要包括生产模块、需求模块、流通模块、贸易模块、价格模块等,其中探讨了能源要素价格改革后对出口贸易的影响。他们根据有关研究的预测数据,假定 2005—2015 年平均 GDP 的增长率在 7.9%左右,通过调节生产函数的技术系数等外生变量生成了基准情景。他们将模型中煤、成品油、天然气和电力的价格变量外生,模拟在 2005—2010年间将以上能源价格提高 5%后中国经济的运行情况。从我们关心的能源价格上涨后对总出口的影响情况来看,得到能源价格上涨对出口规模产生持续的抑制效应,分行业的研究表明能源价格提高降低了产品的出口竞争力,尤其是高能耗产品的竞争力,而中国出口组成中很大一部分是高能耗产品,重型机械、钢铁制品、化工制品等,模拟结果显示化工产品出口相比预测模拟值在长期猛降 9.12%,金属加工制品出口相比预测模拟值在长期下降 4.97%。

二、开放条件下的分析

依据在本书第五章的研究理论模型,现将能源价格机制改革后上涨的情形在结合国际能源价格上涨的背景下来思考对出口贸易的影响。接第五章的理论推导:

$$\frac{\partial X}{\partial PE} = \frac{\partial X}{\partial F_N}\frac{\partial F_N}{\partial PE} + \frac{\partial X}{\partial RPE}\frac{\partial RPE}{\partial PE} = \frac{\partial X}{\partial F_N}\frac{\partial F_N}{\partial \varnothing}\frac{\partial \varnothing}{\partial PE} + \frac{\partial X}{\partial RPE}\frac{\partial RPE}{\partial PE}$$

式中,第一项是表示能源价格对技术进步的推动力,国内能源价格引起技术进步,而技术进步引起劳动生产率提高,可提升商品出口比较优势,从而促进出口量增加,这是能源价格上涨的积极意义,可见,改革后能源价格上涨的情形下,第一项$\frac{\partial X}{\partial F_N}\frac{\partial F_N}{\partial \emptyset}\frac{\partial \emptyset}{\partial PE}>0$,我们进行动态化的分析,假设国内能源价格从 t_0 期 p_0 至 t_1 期上涨了 p_1,国际能源价格从 t_0 期的 $p_0{}^*$ 上涨至 t_1 期的 $p_1{}^*$,此时若 $p_1^*/p_1 > p_0^*/p_0$,则式中第二项表示,在国内能源价格上涨的同时,国外的能源价格也在上涨,而且上涨的幅度还大于国内的能源价格,那么,$\frac{\partial RPE}{\partial PE}<0$ 且 $\frac{\partial X}{\partial RPE}<0$,此时第二项 $\frac{\partial X}{\partial RPE}\frac{\partial RPE}{\partial PE}>0$。

由此可见,在国内能源价格机制改革后能源价格上涨的情形下,若能做到两点,则可以保持出口贸易的持续发展:其一是合理引导能源价格上涨对技术进步的推动效应,在政策上加大对技术改进的投入支持;其二是保持好国内外能源相对价格的变动幅度,在参考国际能源市场价格变动前提下的上涨对国内出口优势的影响被降到最小。

三、能源价格走势对出口贸易的预期影响——以福建省为例

国内外关于能源与出口贸易的关系研究主要集中于研究能源需求与出口商品结构的关系,如 Vivek Suri 等(1998)[1]、Giovani Machado 等(2001)[2]、Hongtao Liu 等(2010)[3]、唐要家等(2012)[4]。当前仅有少量文献涉及能源价格波动对出口贸易及其结构的影响。杨迎春等(2010)从理论和实证角度分析了中国能源价格和出口量为什么同方向变化,结果表明中国能源价格通过技术进步和国内外能源价格的差异影响中国出口[5]。邵朝对(2012)利用投入产出模型,计算国际能源价格冲击对中国进出口结构的传递效应[6]。这些研究大多利用计量模型分析能源价格波动对中国进出口的影响,较少综合探讨能源价格波动对出口贸易影响机制和影响幅度,由于中国各省份的出口贸易问题存在较大差异,如果仅研究能源价格波动对中国出口的总体影响,得出的结论对地区的适用性存在一定局限性。本书将以福建省商品出口贸易与能源消耗关系的分析为出发点,研究能源价格波动对福建省出口商品成本的影响机制,进一步在建立 VAR 模型基础上,应用脉冲响应分析能源价格变动对商品出口价格变动的影响幅度,最后基于研究结论提出相应的政策建议。

（一）福建省出口贸易与能源消耗的关系

近年来福建省出口贸易发展迅速，2011 年出口总量位居全国第六。其出口额 2006 年至 2011 年，年均增长速度超过 20%[①]。以下将首先分析其出口结构、贸易方式与能源消耗之间的联系，进而探讨能源价格走势将会对福建省出口贸易的影响。

1.出口贸易结构中低能耗商品比重下降

根据 2005 年至 2012 年《福建统计年鉴》里按章分类统计的出口商品数据，计算各类出口商品占总出口的比重，受篇幅的限制，表中只罗列一级目录商品（初级产品、工业制品）和部分的二级目录（在表中为（ ）里的商品类别[②]），结果如表 8.1 所示。

表 8.1　2004—2011 年福建各主要商品的出口比重

单位：%

商　品	2004	2005	2006	2007	2008	2009	2010	2011
初级产品	6.8	6.2	6.4	5.9	5.7	6.8	7.4	8.1
工业制品	93.2	93.8	93.7	94.1	94.3	93.2	92.6	91.9
机械、运输设备	37.3	37.2	35.8	35.4	37.1	31.1	29.7	25.8
服装、衣着附件	12.3	10.7	10.6	10.8	10.1	13.5	12.2	13.3
鞋靴	9.7	10.1	9.7	9.3	9.2	10.0	10.1	10.0

按福建出口商品结构特点，本书计算 2008—2011 年福建各类主要出口商品的能源强度。能源强度由每年该行业的能源消耗量与该行业产出之比计算而得[③]，数据来源于 2009—2012 年《福建统计年鉴》，结果如图 8.2 所示。

①　根据 2012 年《中国统计年鉴》计算而得。

②　工业制成品的二级目录只列出口商品占总出口比重超过 10% 的商品类别。

③　由于数据来源的限制，福建省初级产品的能源强度由福建省农、林、牧、渔的能源消耗量与其产值之比计算而得。福建省服装、鞋靴类制品的能源强度，由福建省规模以上纺织服装鞋帽制造业的能源消耗与规模以上纺织服装鞋帽的产值之比计算而得。福建省机械及运输设备的能源强度，由福建省规模以上交通运输设备制造业、电器机械及器材制造业、仪器仪表及文化、办公机械制造业的能源消耗与规模以上交通运输设备制造业、电器机械及器材制造业、仪器仪表及文化、办公机械制造业的产值之比计算而得。

　　结合表8.1、图8.2，我们发现福建初级产品出口所占比重呈现出逐年上涨的趋势，且其能源强度较小，约为平均水平的一半。福建的出口商品中仍以能源强度最高的工业制成品为主，且工业制成品的能源强度最大。在福建工业制成品的出口中占最大比重的三类商品（机械及运输设备、服装及衣着附件、鞋靴）均为低能源强度商品。这三类商品占福建商品出口的比重从2007年的59.3％下降到2011年的49.1％，7年间下降了10.2个百分点。由此可以发现，虽然福建省各类商品能源强度总体呈下降趋势，但作为一个煤、石油等大宗生产型资源相对贫乏的省份，能源强度低的商品出口比重下降，意味着其他能源强度较高的商品出口比重有所上升，这样的出口结构在短期内推动了经济较快发展，但长期而言将受到能源价格上涨的制约。

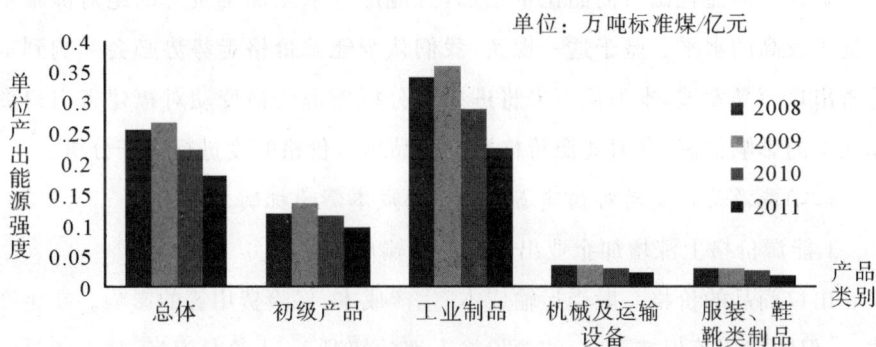

图8.2　2008—2011福建省主要出口商品单位产值的能源强度

　　2.加工贸易所占比重有所下降，但对能源投入依赖较大

　　从表8.2可以看出福建出口贸易方式中仍以一般贸易方式为主，并且一般贸易所占比重从2005年的48.1％，上升到2011年的68.1％。而出口加工贸易所占比重在这期间下降了近20个百分点，到2011年时仅为27.14％。但近几年来，除2009年受金融危机影响外，加工贸易每年相比前期的增速仍较快，最低增长速度仍达6.8％，加工贸易多为能源寻求型行业，对能源投入的依赖相对较大，此类贸易方式受能源价格影响因此也会相对较大。

表8.2　福建省出口商品各类贸易方式所占比重与同比增长率

单位:%

		2005	2008	2009	2010	2011
一般贸易	A①	48.1	56.2	60.5	61.3	68.1
	B	23.6	15.5	1.9	35.9	44.3
加工贸易	A	46.5	40.0	35.0	33.0	27.1
	B	11.3	13.1	−17.1	26.4	6.8

　　古典要素禀赋理论的结论告诉我们,一种商品生产投入要素的价格变化最终会影响到此类商品的价格形成,未来能源价格的变动对福建省出口商品的成本必将产生影响,进而影响到出口价格形成。上述的分析已证实福建省出口贸易中高能耗出口商品比重增加,且能源寻求型加工贸易的绝对涨幅依然处于较高的水平。基于这一现实,我们认为能源价格走势势会影响到福建省出口贸易发展,本书接下来将进一步分析能源价格变动对福建省出口商品成本的影响机制,并对能源价格影响商品出口价格幅度进行实证分析。

　　(二)能源价格变动对福建省商品出口成本影响机制分析

　　1.能源价格上涨增加企业出口商品运输成本

　　出口商品的价格一般受运输成本、生产成本、保险费用等的影响。在生产成本、保险费用等保持不变,能源价格上涨的情况下,无论是海运、陆运还是空运都将导致企业的运输成本增加。在这种情况下,出口企业为维持合理的利润目标,就会相应地提高出口商品的价格。商品价格的上升会使其失去价格优势,这会在一定程度上降低商品出口的国际贸易竞争力。根据2007年至2012年《福建省统计年鉴》,从2006年以来福建企业的运输以省内的公路运输方式为主,占货物运输总量近70%。其次为水路运输、铁路及航空运输,航空运输所占的比重几乎可以忽略不计,不到0.1%。公路运输与水路和铁路运输相比而言,单位重量所耗的能源更高,能源价格的持续上涨势必增加其出口商品的运输成本。

---

　　①　A代表占贸易总量的比重,B代表与上期相比同比增长率

2.能源价格上涨增加企业的生产成本

能源在商品的生产中是必不可少的,因此在其他因素不变的情况下,能源价格的上涨对几乎所有行业的生产成本造成影响,尤其是对能源密集型行业。企业为了达到既定的利润目标就会将能源成本上涨的压力转嫁给进口商,提高产品的出口价格,因而削弱了出口商品的竞争力。从前文分析福建省的出口贸易现状来看,较大一部分是能源密集型产品的出口,在能源价格波动上涨的大背景下,福建省这种具有高能耗特点的出口结构必然会受到一定的影响。

3.能源价格上涨增加企业原材料的进口成本

国际能源价格的上涨使得与能源相关的进口产品或原材料价格也随着上涨,这就会导致市场商品价格的普遍上涨,增加生产成本。福建省企业出口商品生产中的原材料进口比例不小,同样受到这一因素的影响,最终这个成本也会转嫁到商品价格中,导致其出口竞争力的削弱。

(三)能源价格与福建商品出口价格联动性与影响幅度分析

为了量化能源价格变动对福建商品出口价格波动的影响,接下来将采用协整与格兰杰因果检验分析能源价格与福建省各类主要出口商品价格的联动性,利用脉冲响应函数分析能源价格波动对各类主要商品出口价格波动的影响幅度。

实证分析中能源价格变量以煤油电价格指数替代(林伯强、王锋,2009)[7],各类出口产品价格以各类商品的贸易出口价格指数替代。设变量 ENP、TP、CJP、INP、MP、SHP 和 GAP 分别代表能源价格指数、出口商品总价格指数、初级商品出口价格指数、工业制成品出口价格指数、机械及运输设备出口价格指数、鞋靴出口价格指数和服装及衣着附件出口价格指数。选取的数据为 1999 年 1 月至 2012 年 12 月的月度数据,数据均来源于中经网①。

1.单位根检验

为保证 VAR 模型的有效性,避免出现"伪回归",需要对变量进行平稳性

---

① http://db.cei.gov.cn/page/Login.aspx

检验。本书采用 ADF 序列平稳性检验。最优滞后期由 SIC 准则确定。检验的结果为所有的序列变量均没有拒绝单位根假设,为非平稳序列,且所有序列变量一阶差分均为平稳序列①。

2.协整与格兰杰因果关系检验

由于所有变量都是不平稳的,并且一阶差分后平稳,因此可以进行 Johansen 检验变量间是否存在长期关系,检验结果显示各类商品出口价格与能源价格的波动存在协整关系,即两者之间有长期的均衡关系。之后进行 Granger 因果检验,检验各变量之间的先后顺序,判断能源价格变动是否是出口商品价格变动的原因。由于 Granger 因果检验对滞后期数的选择有很强的敏感性,本书分别选择 1~5 的滞后期数。检验结果显示能源价格为各类商品出口价格的原因,除了机械运输设备价格的一阶滞后,能源价格与其不存在因果关系外,其余的检验均显示能源价格变动是各类出口商品价格变动的原因。

3.VAR 模型脉冲响应估计

由于各变量不平稳,本书旨在考查各类商品价格变动受能源价格变动的影响幅度,因此利用各变量的差分值建立 VAR 模型。通过对模型的滞后结构进行检验,各特征根都在单位圆内,表明模型是稳定的。通过脉冲响应函数实现了能源价格受到冲击时引起的各类商品出口价格波动的脉冲响应。从图8.3 可以发现,当能源价格波动受到一单位正向冲击时,出口商品总体价格、初级产品、工业制成品、机械及运输设备、鞋靴、服装及衣着附件的价格变动在该冲击下具有一定滞后性,当期响应都为 0。其中出口商品总体价格、初级产品出口价格、服装及衣着附件价格于第二期响应最大,工业制成品出口价格、机械及运输设备出口价格、鞋靴出口价格在第三期响应达到最大,且响应的幅度较大。随后响应随着滞后期数的增加而逐渐减弱,除鞋靴类商品外,其余出口产品价格变动均在滞后十期后影响收敛至 0。由此可以发现能源价格波动对商品出口价格波动的影响幅度经历了一个先增大后逐渐减

①　考虑到篇幅的关系,这里省略具体的单位根检验结果。

小的过程。

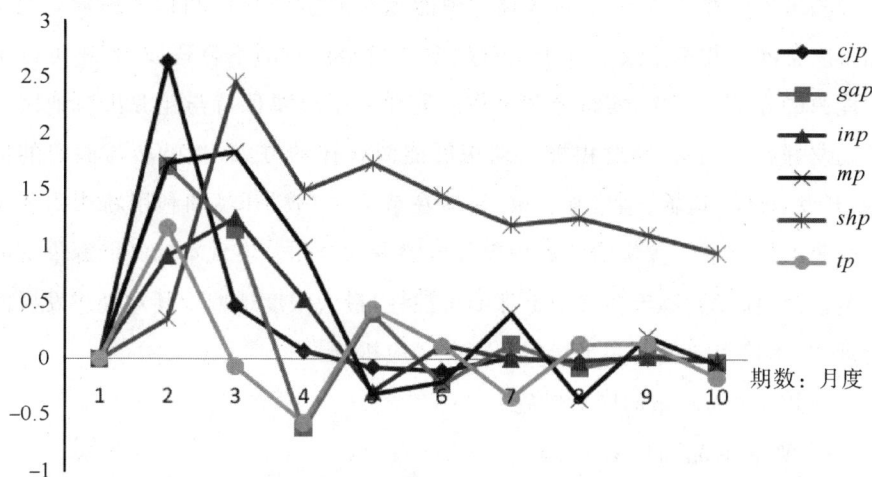

图 8.3　能源价格变动冲击引起的各类出口商品价格变动的响应函数

（四）未来能源价格走势下福建省出口贸易发展应对措施

在未来能源价格波动上涨的趋势下，为了尽量缓解能源价格给福建省出口贸易发展产生的影响，维持福建省商品出口的国际竞争力，实现福建省商品出口贸易可持续发展，可以从能源政策方面与出口贸易政策两方面着手思考。

1.能源政策方面的应对措施

（1）利用福建省的地域优势，发展水能、风能等绿色能源

得益于福建省独特的地理优势，福建省的绿色能源蕴藏丰富。据《福建省统计年鉴》，福建省水能资源的理论蕴藏量是 1 168 万千瓦；风能资源储存丰富，沿海陆地 10 m 高度风能资源装机总储量为 4 131 万千瓦，近海风能资源储量估计是陆地的 3～4 倍。通过发展诸如水能、风能等绿色能源，使出口企业在能源供应结构中可以选择绿色能源产品，降低对煤炭、石油等一次能源的需求，缓解由于化石能源价格波动上涨带来的影响，稳定企业在生产和运输过程中的能源消费成本，最终保障出口商品的价格稳定和持续竞争力。

（2）建立能源储备应急机制，保障能源安全

在国际能源产品价格持续走高的情况下,福建省可以借鉴发达国家的发展经验采取能源安全措施,多渠道保障能源的供应。首先,可以考虑建立能源储备应急库。此举不仅有利于应对短期内能源价格的不合理波动,还可以维护能源的安全。其次,实行能源合作多元化。不仅要保持与能源出口地区的长期友好合作关系,还要积极主动拓展能源合作的方式,积极参与能源的勘探、开发、加工、运输、销售等领域,还应在节能、增效、开发和利用新能源和绿色能源、开发核能、煤炭清洁利用等领域的参与合作。实现本地区能源供求的稳定,进而保障能源价格波动上涨的可控性,最大限度地减少其对经济发展的扰动,为出口企业创造一个稳定的能源供应机制。

2.出口贸易政策的应对措施

(1)改善商品出口结构

从前文的分析可知,福建省的出口结构,从能源消耗的角度来说,属于相对较好的状态,高能耗的商品出口相对较少,但是我们也发现其所占的比重正逐年增加,这说明福建省出口结构的升级态势良好,出口商品的价格更易受能源价格波动影响。因此,在改善福建省商品出口结构的政策上,应当将重点放在加强低能耗、高技术附加值的行业的开发和促进上,实现真正意义上的出口结构优化。

(2)发展高新技术产业,降低出口商品能源强度

为了减少能源价格对出口贸易的影响,大力发展高新技术产业,有效降低出口商品的能源强度也是重要的措施之一。高科技产业快速发展,已成为未来经济发展的主要推动力,在全国发达的主要省市中都采用发展高新技术产业作为提高经济快速发展的手段之一。不过,不同的是不同地区都是有选择性地发展高新技术产业。福建省应结合实际情况,积极主动发展和壮大海洋综合开发业、环保产业、新型材料产业等高新技术产业,减少出口产品对能源的依赖,降低由于能源价格上涨而造成一方面成本的压力。

(3)加快转变出口贸易方式

为了协调能源价格上涨和商品出口之间的冲突,一方面,福建省应采取措施控制加工贸易的增长,尤其是那些高能耗、高污染加工企业的转型或退出,

实现出口贸易方式的逐步转变。另一方面,福建省还应该鼓励企业向海外拓展市场,到国际市场上去寻求能源资源,逐步将高能耗产业向外转移,以缓解国内出口企业对能源消费的依赖,避免能源价格走势形成的成本压力。

第三节　协调能源价格机制改革与出口贸易发展的建议

一、兼顾出口贸易发展战略的能源价格机制改革路径

（一）能源价格机制改革的原则

首先,从前述的分析来看,中国推行能源价格机制市场化的趋势已经确定,但是政府在推动价格机制改革中应扮演主动改革还是被动改革的角色,差别是很大的。当前中国能源价格的改革,大多还是属于被动的渐进性改革。因为都是出现问题才去改,或者矛盾积累过多,或者已经到了不改不行的地步才去改。即使改革,常常也是幅度尽量小,或者比预期小(林伯强,2011)。这种改革的模式在制度更替上的效率很低,但是成本很高,因为每一次的变革都是在矛盾激化到一定的程度后的修正,此时经济活动发展的条件和态势可能因此而出现不可扭转的局面。能源价格机制的改革直接影响到未来能源价格的形成和能源要素成本的构成,对出口贸易的影响是不可避免的。在兼顾能源矛盾的解决和出口贸易发展战略的前提下的改革,应当是一个主动的改革过程,即政府应从宏观角度思考能源价格机制的整体改革方案,对未来的改革可能对经济活动的干扰和冲击做出相应的配套应对措施准备。

其次,由于能源既是生产资料,也是生活资料。现代社会中,它基本上与所有的经济活动和居民生活都直接相关,从而导致了其改革的重要性、复杂性和敏感性,改革过程中存在和面临的社会、经济问题也就比较多(林伯强,2011)。保持改革进程的渐进性是改革成功的关键。从能源要素的性质来说,其涉及面广,改革的影响面大,过激的改革会引发更大的矛盾;同时,由于能源

要素的垄断性特点,过快的市场化改革会导致与改革预期相反的结果,即垄断扩大化。对出口贸易发展来说,能源要素的价格变动冲击需要时间来消化和转移,改革步伐控制给出口贸易战略的协调提供了时间的保障。

(二)能源价格机制改革的目标

首先,实现能源价格市场化的同时维持价格相对稳定。这看似是一个矛盾的说法,因为当前能源价格管制部分原因正是基于维持能源价格稳定的角度的考虑。要实现能源价格市场化改革,就是要由市场来决定能源价格的走向,再谈维持价格相对稳定是否有不妥之处。其实这二者并不矛盾,我们要推动的能源价格市场化改革,是要由市场来定价,我们要维持价格稳定,是要由政府来对市场过激或者扭曲的价格加以规范和调整,与改革前的政府直接干预下的价格稳定有着根本的区别。这一改革的方向是基于以下原因的考虑:实现能源价格形成的市场化,可以有效地配置能源资源,解决当前能源领域的矛盾和问题。而维持价格的稳定则一方面是由于目前国际能源市场受到政治军事等非正常因素的干扰甚多,加上能源金融市场受到利益群体的利用,国际能源价格的波动较大;另一方面,国内能源市场主体和市场环境的培育并未完成,在逐步市场化的过程中极易形成能源价格的大幅波动,政策的监管和引导控制是十分必要的。如此,则可在保证能源价格机制改革的同时,最大限度地减少对出口贸易战略的冲击和影响。

其次,推进能源价格机制改革与提升机制调节效率相结合。我们进行能源机制改革的目的,一方面是解决能源市场本身的矛盾,维护本国的能源安全,另一方面则是发挥能源价格的杠杆作用和能源价格调节机制的引导作用,来协调经济资源的配置和促进经济结构的优化。能源价格机制改革中要逐步发挥能源税收和能源补贴的功能,在能源价格机制市场化后,其有效性和灵活性将大大提高,合理地设计能源税收的税种、征收范围、征收方式将会对出口贸易的发展战略实现起到推动作用。能源补贴政策在能源价格形成市场化后将逐步从协调能源产业内部矛盾的作用中解脱出来,充分发挥在政策引导上的功能,实现既能有效协调能源自身矛盾,又能在调节经济活动上发挥力量。

（三）能源价格机制改革的具体措施建议

1.加强能源价格市场化的市场竞争主体培育

一个良性的市场环境,应该具有多元化的市场主体,市场价格由多主体之间的竞争形成。中国目前在能源领域的市场主体上取得了一定的进展,无论是煤炭、电力还是石油都在引进新的竞争力量,既有国有也有民营,既有内资也有外资的进入,形成了一个基本的市场格局。但是同时可以发现另一个问题,那就是能源领域的主要市场资源都掌握在极少数的国有大型能源企业手中,市场竞争力量并不均衡,部分政策的规定直接限制了其他主体的参与,例如石油进口权、煤炭进口权等的限制,甚至在能源补贴上的分配上也存在着不公平的待遇。如此则市场竞争的有效性是得不到保障的,建立以市场调节为主的能源价格形成机制,就要促进能源行业竞争机制的形成,让更多的、符合一定资质的企业能够通过竞争的方式获得平等的机会,通过有效的竞争促成行业的良性循环(王震、陈守海,2008)。行业的良性竞争模式才会形成合理的市场价格,避免价格的大幅波动与垄断价格的形成。出口贸易因此受到的影响可以合理地避免。

2.加强对能源行业价格形成的监管

在一个有效的市场机制下,政府的主要职责是监督和调控。能源市场的有效性尚未完全形成的背景下,加之能源定价过程的复杂性,推行能源价格的市场化改革,极易形成企业在定价上的"灰色地带",形成不透明的能源价格。政府要在改革中逐步退出价格制定者的角色,而转变为价格形成的监督者,对不合理的定价给予纠正与惩治,维持市场的正常秩序。这样既可以在保证能源从价格管制向市场化过渡的平稳性,又避免了能源企业利用制度的漏洞,以此来谋求不正当的超额利润,进而避免对经济稳定发展的冲击。

3.建立市场价格平抑机制

在当前国际国内能源环境日益复杂的背景下,思考能源价格的市场化,必须有有效的市场平抑机制来对市场的稳定性加以保护。当前国际能源市场受到国家间的政治因素影响较大,国际油价波动也越发频繁,能源金融市场的建立虽然在某种程度上缓解了这种外生的干扰,但是金融市场上衍生的金融风险也加剧了市场波动的幅度。国内能源价格机制的改革步伐在推进的同时，考虑建立国内的能源储备机制，用于平抑短期市场的过度波动下的价格。一方面这是参考了国际发达国家的经验做法，另一方面从维护本国能源安全的角度考虑，这一措施具有很大的必要性。

4.逐步发挥能源税收机制的作用

从前述的分析中看出，中国当前的能源税收机制并未在能源价格机制中真正发挥作用，无论是对能源消费的调节还是环境保护都作用不大。考虑到能源税实施对能源价格构成的影响，可以考虑在兼顾经济发展、出口贸易影响的情形下，设计税收的税率，征税范围可以从高能耗、高排放、低效率、低影响的行业入手，逐步扩大征税范围，使其一方面在节能减排上的作用得以启动，另一方面兼顾行业差异和经济结构的调整需要，为出口贸易的结构升级留下缓冲的时间。

5.改革能源补贴的模式和规模

当前的能源补贴主要是生产侧的补贴，这种补贴机制对降低能源成本，维持能源低价有很好的作用，但是不利于能源企业自身改进能源生产技术，抑制了其在提高能源效率上的积极性。未来的改革路径选择可以考虑，一方面改生产侧补贴为消费侧的补贴，依据是能源效率改进的技术投入补贴，这种设计可既不影响企业生产中的能源要素成本，同时又将能源补贴在节能减排中的作用加以激活，从生产侧的角度增加了生产的成本压力，从消费侧增加了改进节能技术的动力。补贴对能源成本的较小影响可缓和短期内出口贸易的影响和冲击，同时对贸易领域的关于补贴形成的摩擦加以规范，使能源补贴的合理性在WTO规则上得到认可。同时要逐步减小补贴的规模，将企业的外部成本内部化是长远目标。

二、贸易战略实现诉求下出口贸易发展建议

如果仅从出口规模的增长来评价中国出口贸易的发展，近年的成就已经是有目共睹，未来对出口贸易由"量"向"质"的战略过渡是中国从出口贸易大国向出口贸易强国转变的必然选择。伴随着能源价格机制的改革，生产活动

中的能源成本将因能源价格上涨而上升。能源成本的快速上升,对于中国的出口贸易是极为不利的。一方面,它大大压缩了中国出口商品的利润空间。对于企业而言,在利润率不断下降的情况下,如果要保持总利润不变,就需要出口更多数量的商品,这就必然消耗更多的能源。另一方面,能源需求的上升反过来又会推动市场机制下能源价格上涨,增加能源成本,进一步降低利润率,以致陷入恶性循环,最终损害中国的出口竞争力(沈利生,2007)。因此在结合能源价格机制改革的需要和中国出口贸易发展战略的双重要求下思考从贸易角度的对策建议是有必要的。

　　首先,修正对贸易规模的简单认识,在加大节能技术投入的同时,继续保持出口贸易的发展。尽管分析的结论认为出口贸易规模的增长是中国能源消费量增长的直接原因之一,但是当下如何对待这个两难的现状则是需要理性地思考的。中国目前的出口贸易规模尽管已经是世界第一位,但是当前要以控制中国的出口贸易规模来节约能源消费的思路值得商榷。从人文发展的角度来衡量中国出口贸易问题,正如中国社会科学院裴长洪(2010)所指出的那样,由于中国庞大的人口基数,中国人均出口贸易额其实还非常低。在这样一个背景下,我们尽管需要控制能源消费问题,但是通过控制出口规模的增长来达到这个目标不是当前最优的选择。必须进一步利用贸易促进政策推动出口贸易的发展,与此同时,加大对能源消费的约束控制。这就要对现有的能源利用效率加以提升,加大出口行业节能技术的投入,提高单位能源的产出水平。另外,出口贸易本身的技术效应对促进能源效率的改善有着十分重要的作用,只要有效地引导好这一机制,则可将二者统一到一致的目标下,两难问题得以内生化解。

　　其次,主动采取措施促进出口结构调整是协调出口规模保障和节能减排诉求两难的最优选择。出口贸易规模的扩大应该建立在贸易结构优化的基础上,贸易政策的调整要加强对落后产能行业的出口限制。部分高能耗的行业应当属于节能减排控制的重点,除非行业性质原因不可替代,否则都应作为逐步限制出口的行业。贸易政策应以限制和控制为主,甚至可考虑加强进口政策支持,对国内产业进行替代。对于由于客观原因无法做到限制的行业,应加强技术改造和升级工作;出口引发"内涵能源"消费减少的行业,属于重点出口扶持对象,增加该行业出口对能源需求的影响较小,尤其是本身出口绝对量较少的一类,应在出口政策上予以倾斜,促进其出口额的增长;出口额比例较大,已属中国出口的主要力量,但能源消费明显的行业,出口政策当以维持行业出口地位为主,同时,应从节能角度加强技术改造和升级,促进行业节能的发展,视行业性质及客观重要性而定,也可考虑逐步减少行业的出口。最为重要的是当前的贸易政策应积极引导企业立足未来低能耗、低排放、高技术含量的新兴行业,合理利用税收、补贴等手段促进国内企业在此类领域里建立国际市场的领先优势,从行业分工的角度为未来的国际贸易竞争占据制高点。

再次,通过贸易方式转变,协调能源价格上涨与出口贸易发展之间的冲突。利用政策主动控制部分加工贸易的增长,尤其是以能源寻求为目的的加工贸易,提高高能耗高污染产业的市场准入门槛。高能耗高污染产业占了目前中国出口的很大比例,但利润低、效率低,在整个生产和流通环节需要大量的能源投入,从投入和回报比看,确实需要逐步限制和调整。提前的政策导向引导企业进行转型和退出,对未来出口贸易的整体影响将减小。政府应采取一系列措施为条件成熟的企业做好服务工作,支持这些企业到海外开拓市场,采取政策鼓励通过"走出去"的方式来替代部分能源密集型产品的出口。国内能源价格上升导致能源成本增加,能源优势丧失,到目标市场进行能源寻求性的生产,这既有利于出口贸易避免因能源价格上涨带来的成本冲击,同时在国际范围内寻求能源资源来缓解国内的能源压力,某种程度上还可以避免因节能减排而产生的贸易壁垒的干涉。

本章小结

随着国内经济的飞速发展,能源问题的重要性越发应该被重视起来,从国家战略的高度而言,改革当前的能源价格机制,逐步实现能源价格市场化,进一步实现国内外能源价格市场的接轨是不二的路径选择。从前文的能源供求情况分析来看,改革后的能源价格上涨的趋势明显,能源价格上涨对出口贸易将产生冲击。因此,结合当前的能源价格机制改革与出口贸易发展双重目标来思考政策建议是非常必要的。鉴于能源价格问题的复杂性和其改革引发问题的重要性,能源价格机制改革必须选择渐进性的道路,能源价格机制的改革路径应当协调好解决能源问题和保证出口贸易战略实现两个要求。同时,出口贸易的发展中,政府应当从应对能源价格机制改革的角度主动对贸易发展的结构调整和方式转变加以政策引导。

研究总结与展望

　　国内外能源相对价格的存在从根本上而言,是缘于中国与其他主要发达国家经济发展的阶段性水平差异导致的政策选择差异,这一现象长期以来一直存在,但在各个经济发展阶段又呈现出不同的特点。从其对中国出口贸易发展的影响角度来说,国内外能源相对价格对中国出口贸易的发展无论是规模增长、结构升级还是出口比较优势的积累,都作出了巨大的贡献。但是在当前国内能源问题暴露日益频繁的背景下,能源价格机制改革的呼声越来越大,对现行价格机制的反思也成为理论界研究的重点。本书将国内外能源相对价格与出口贸易两个问题联系起来,探讨国内外能源相对价格与出口贸易发展战略的协调,以下对相关的研究结论加以归纳:

　　首先,本书从贸易发展战略视角分析一国能源价格机制选择的理论依据。本书分别从战略性贸易政策的角度和国民政策诉求的角度研究了一国能源价格机制选择的动机及其对本国出口贸易优势的影响。研究认为发展中国家因其在出口贸易上的优势缺失,而人力资本、资本积累、技术支持都相对薄弱,采用价格机制保持低价能源的策略会有助其在贸易领域建立起比较优势。进一步的研究认为要解决发展中国家对待节能减排的态度,促进其经济发展是第一要务,政策的选择会随着其经济矛盾的解决而内生地转变。从理论角度阐述了国内外能源相对价格差异现象的产生根源。

　　接下来本书对中国的能源机制演进历史和现状加以理清,并对其机制的有效性和持续性加以评述,从支持出口贸易发展的视角对中国能源价格机制的演进历程的合理性进行了探讨。研究认为从中国每个阶段的出口贸易发展的需要来说,能源价格机制的选择都是相应的最优政策。早期的低价能源机制是出口贸易在没有劳动力、资本和技术优势的背景下逐步发展起来的,相对能源密集型产业的出口因而获得了比较优势,出口贸易发展地位得到巩固。近年来,一方面中国能源价格长期以来一直维持较低水平和行政定价,管制的低能源价格虽然具有相对的稳定性,但管制的能源价格的后果表现为供给持续紧张、价格上涨压力不断积蓄,而这种被压抑的涨价压力迟早要释放出来,具有大幅推动能源价格上涨的倾向。

中国近年来的出口贸易规模发展、结构调整,都取得了举世瞩目的成就。国内外能源相对价格差异的存在为此做出了重要的贡献,但是实际上这一现象是有悖于传统的国际贸易理论的。要素禀赋理论的基础是要素的禀赋优势才形成本国在密集使用该要素的产品上的优势,而中国在能源要素上的优势是由政策干预形成的。因此本书的分析把政策干预作为要素优势形成的手段来拓展传统要素禀赋理论,通过提出能源相对价格的概念,并将其纳入理论框架分析中国出口规模增长的内在原因,探讨出口贸易结构升级的动力。研究结论认为中国能源价格机制使国内能源价格相比国际能源价格有一定的差距,因此形成能源要素成本优势,实证的研究也支持这一结论。

由于中国的能源供求矛盾日益凸显,加之碳排放等环境保护问题的兴起,节能减排的诉求越来越强烈。中国能源领域自身的问题需要能源价格发挥杠杆调节作用。但是现行的能源价格机制明显在协调能源消费和出口规模之间,能源消费与出口结构之间以及出口贸易与能源效率之间都出现了内在的困境,能源价格管制对出口贸易的发展起到了促进作用,同时又对能源消费和碳排放的控制失去约束力量。进一步的研究发现当前的能源补贴策略也扭曲了贸易发展,长期内会导致贸易条件的恶化,同时大量的补贴通过内涵能源的形式流失到国外,实际上补贴了国际市场的消费者。从当前低碳经济在世界范围内形成共识的角度来看,继续维持现行的能源价格机制,将在诸多方面会形成潜在的贸易摩擦,而WTO在此类问题的协调解决上也没有明确的规定,因此从这几个角度来说,改革现行能源价格机制非常必要。

国内外能源相对价格差异现象的存在一方面对中国出口贸易的规模增长、结构调整和优势积累都作出了巨大的贡献;另一方面,因为当前能源和环境问题的出现,导致国内外能源相对价格对中国出口贸易的发展已经形成了一定的制度制约,长期而言必须从能源政策和出口贸易政策角度同时进行改革以避免出现发展困境。从全球分工体系视角来划分各国在贸易发展上的地位,有利于中国认清自身的发展现状和未来发展取向,中国目前虽然在"量"上是大国,但是在"质"上还有待提升。基于国际分工秩序的视角对中国未来的出口贸易发展战略加以分析认为,继续保持现有的国际贸易地位,在积累技术与资本优势的同时,寻求更大的国际市场份额和发展空间是未来的理性选择。

本书最后的论述主要是基于国内能源问题的解决角度来讨论进行能源价格机制改革的必要性,并对未来改革的政策取向加以探讨,研究认为实现能源价格机制的逐步市场化是改革的必然趋势。从当前的国内的能源供求情况、能源税和能源补贴的情况看,改革后的能源价格具有很强的上升动力。基于能源价格上涨的假设,从已有学者的一般均衡框架的分析以及笔者采用的开放情形下的模型推导,能源价格的上涨将对出口贸易规模产生一定的冲击,分行业地看能源密集型行业受到的冲击更大,但是只要保持国内能源价格上涨幅度的控制以及国内技术进步。继续维持出口贸易的发展是可行的。因此,应将当前能源价格机制的改革与出口贸易发展战略结合起来。一方面能源价格机制的改革应该在解决能源领域问题的同时保障出口贸易战略的实现,实现能源价格机制市场化的同时保持能源价格的稳定上涨是政策路径选择。应当从能源主体的构建、能源市场的监督、能源价格稳定机制多方面为能源价格市场化的改革做好准备。另一方面,政府应当主动采取贸易措施以应对能源价格上涨后的贸易形势,通过税收与补贴政策的引导促进出口结构的升级和出口贸易方式的转变,通过限制能源寻求型的加工贸易的发展。大力推动企业"走出去"进行能源寻求型的贸易合作方式,将缓冲能源价格机制改革后的能源成本上升的冲击作用。此外,人力资本和技术投入的加强将是最终解决这两个矛盾的保证,改革 WTO 的机制也将为中国的能源价格机制改革过程中出口贸易发展产生的贸易摩擦获得法理支持。

国内、国际市场能源价格的差异化波动是一个不可回避的客观经济现实。中国在经济新常态下,未来要在保障出口贸易稳定发展的前提下实现高、低能耗行业出口结构的调整,探讨国内外能源相对价格对中国高、低能耗行业出口影响机理和幅度的差异,并针对如何调整不同能耗行业出口结构提出相应的应对策略,对实现节能减排目标的同时维持出口贸易稳定发展具有重要的现实价值。"十二五"阶段中国致力于实现节能减排目标的同时维持出口贸易稳定发展,政府努力通过保障出口规模的前提下调整高能耗和低能耗行业的出口比例结构以同时实现这一双重战略目标。近期国际能源市场价格持续下跌的背景下,国内能源价格也随之调整,但调整时点相对滞后,幅度相对有限。这对中国高、低能耗行业的出口又产生什么样的差异化影响?其影响机理和幅度有何差异?随着国内能源与环境问题的日益显现,节能减排的任务也越来越重,未来在国内、国际能源价格差异化波动的背景下,如何制定合理的出口贸易和能源政策以保障在出口规模稳定增长的同时,实现调整高、低能耗行业出口比例结构以实现节能减排的长期战略目标?本研究后续将致力于"国内外能源相对价格对中国高、低能耗行业出口的差异化影响及对策研究"。这一研究思路作为选题也非常荣幸地获得了 2015 年国家社科基金青年项目(项目编号:15CJY058)的资助,未来的研究将基于这一思路深入展开。

附　录

2007 年福建省各行业规模以上企业出口"内涵能源"测算结果

序号	消耗能源总量（吨标煤）	工业总产值（亿元）	工业品出口总额（亿元）	占工业品总出口比例	出口"内涵能源"总量（吨标煤）	国产化系数（%）	引入国产化系数的出口"内涵能源"总量（吨标煤）
1	139 157	49	3	0.08%	7 878	97.54	7 684.20
2	312 967	575	128	3.61%	69 577	96.24	66 960.90
3	319 349	271	53	1.50%	62 870	96.24	60 506.09
4	209 929	179	7	0.20%	8 183	96.24	7 875.32
5	21 480	128	0	0.00%	2	96.24	1.92
6	959 343	709	128	3.61%	173 028	93.53	161 833.09
7	86 787	701	296	8.34%	36 603	92.70	33 930.98
8	138 663	836	324	9.13%	53 732	92.70	49 809.56
9	126 485	195	28	0.79%	18 176	93.86	17 059.99
10	14 905	121	67	1.90%	8 337	93.86	7 825.11
11	1 044 322	291	16	0.44%	56 073	89.69	50 291.87
12	9 559	65	8	0.22%	1146	89.69	1 027.85
13	16 370	110	75	2.11%	11 183	89.69	10 030.03
14	3 188 377	467	46	1.31%	316 218	85.91	271 662.88
15	190 205	93	13	0.37%	27 136	85.91	23 312.54

续表

序号	消耗能源总量（吨标煤）	工业总产值（亿元）	工业品出口总额（亿元）	占工业品总出口比例	出口"内涵能源"总量（吨标煤）	国产化系数（%）	引入国产化系数的出口"内涵能源"总量(吨标煤)
16	256 840	227	9	0.26%	10 637	85.91	9 138.25
17	106 793	193	54	1.52%	29 821	85.91	25 619.22
18	167 470	433	177	5.00%	68 670	85.91	58 994.40
19	6 816 218	827	221	6.23%	1 820 908	97.54	1 776 113.66
20	5 055 943	563	23	0.65%	207 045	92.79	192 117.06
21	164 276	275	60	1.69%	35 732	92.79	33 155.72
22	46 010	291	102	2.88%	16 151	95.03	15 348.30
23	130 272	305	61	1.72%	25 992	82.70	21 495.38
24	31 480	254	21	0.60%	2 631	82.70	2 175.84
25	76 408	525	146	4.11%	21 179	91.58	19 395.73
26	80 899	570	221	6.23%	31 351	81.76	25 632.58
27	46 822	1 581	976	27.52%	28 902	45.62	13 185.09
28	9 985	126	72	2.02%	5 674	15.65	887.98
29	56 215	331	211	5.96%	35 929	92.53	33 245.10
总计	19 823 529	11 289	3 546	100.00%	3 190 764	—	2 996 316.65

数据来源：作者根据《福建省统计年鉴》（2008年）整理测算所得。

参考文献

[1]鲍健强、苗阳、陈锋,2008:《低碳经济:人类经济发展方式的新变革》,《中国工业经济》第 4 期。

[2]【美】保罗·克鲁格曼,2001:《国际经济学》,北京:中国人民大学出版社。

[3]陈迎、潘家华、谢来辉,2008:《中国外贸进出口商品中的内涵能源及其政策含义》,《经济研究》第 7 期。

[4]陈月明、曾晓安,1997:《中国能源价格改革回顾与展望》,《煤炭经济研究》第 6 期。

[5]陈刚、余燕春,2009:《能源约束对出口贸易结构影响的实证分析》,《国际商务——对外经济贸易大学学报》第 3 期。

[6]陈宇峰、俞剑,2011:《国内外油价波动的内在关联性研究——兼评国内油价管制改革》,《国际商务——对外经济贸易大学学报》第 4 期。

[7]曹俊文,2009:《工业对外贸易中能源间接进出口量的测算与分析》,《江西财经大学学报》第 1 期。

[8]曹慧平、陈清萍,2011:《环境要素约束下 H-O 模型的理论与实证检验》,《国际贸易问题》第 11 期。

[9]曹倩等,2011:《我国电力价格体制改革中的煤电矛盾问题研究》,《理论视野》第 4 期。

[10]曹倩、陈敬良,2011:《我国电力价格改革中的煤电矛盾问题研究》,《理论与实践》第 4 期。

[11]曹楠楠,2007:《劳动力成本变化对止口桔构的影响》,《消费导刊》第

4 期。

[12]崔巍、温晓龙、李奥,2011:《利用投资政策降低出口能耗机制与政策建议》,《中国经贸导刊》第 19 期。

[13]丁志华、赵洁、周梅华,2011:《基于 VEC 模型的煤炭价格影响因素研究》,《经济问题》第 3 期。

[14]邓敏贞,2008:《经济发展权与环境权的冲突与协调》,《陕西行政学院学报》第 22 卷第 3 期。

[15]董蓉,2010:《提高劳动密集型产品的附加值:保持我国外贸出口适度增长的现实选择》,《经济问题探索》第 11 期。

[16]傅东平,2009:《要素价格变化对我国出口的影响分析》,《当代经济》第 5 期。

[17]郭佩霞、朱沙,2011:《资源税改革:问题识别与政策取向》,《现代经济探讨》第 11 期。

[18]郭海涛,2008:《我国能源价格形成机制及改革目标研究》,《价格月刊》第 5 期。

[19]高敬峰,2009:《中国制造业比较优势变化及其要素禀赋特征分析》,《商业经济与管理》第 4 期。

[20]高铁梅,2008:《计量经济分析方法与建模——EViews 应用及实例》北京:清华大学出版社。

[21]韩宇鹏、钟筱红,2004:《WTO 环境贸易规则与多边环境协议冲突及其解决》,《江西社会科学》第 9 期。

[22]姜绍俊,2008:《电力价格的比较分析》,《中国电力企业管理》第 1 期。

[23]贾康,2011:《关于资源税价联动改革的几个重要问题》,《经济纵横》第 2 期。

[24]贾东霞,2005:《论石油价格上涨对我国对外贸易的影响和相应对策》,《山东经济》第 128 期。

[25]黄菁、赖明勇、王华,2008:《FDI 在中国的技术外溢效应:基于面板数据的考察》,《世界经济研究》第 10 期。

[26]韩民春、樊琦,2007:《国际原油价格波动与我国工业制成品出口的相关关系研究》,《数量经济技术经济研究》第 2 期。

[27]韩凤芹、苏明、傅志华、黄运,2008:《中国能源税问题的初步研究》,《经济研究参考》第 55 期。

[28]杭雷鸣、孙泽生,郭俊辉,2011:《国际商品价格波动与中国出口贸易的能源成本:一个实证分析》,《经济理论与经济管理》第 2 期。

[29]何欢浪、岳咬兴,2009:《策略性环境政策:环境税和减排补贴的比较分析》,《财经研究》第 2 期。

[30]何凌云、林祥燕,2011:《能源价格变动对我国碳排放的影响机理及效应研究》,《软科学》第 11 期。

[31]胡宗义、刘亦文,2009:《能源要素价格改革对我国经济发展的影响分析——基于一个动态可计算一般均衡(CGE)模型》,《系统工程》第 11 期。

[32]胡宗义、刘亦文,2010:《能源要素价格改革对宏观经济影响的 CGE 分析》,《经济评论》第 2 期。

[33]胡光辉、孟艳莉和张玉柯,2013:《国际石油价格波动对中国外贸的影响:理论综述与实证分析》,《贵州财经大学学报》第 3 期。

[34]黄志刚,2009:《中国能源税制改革探析》,《地方财政研究》第 8 期。

[35]江静、路瑶,2010:《要素价格与中国产业国际竞争力:基于 ISIC 的跨国比较》,《统计研究》第 8 期。

[36]邝小燕、杨迎春,2015:《当前石油安全形势下我国能源战略转型策略研究》,《生态经济》第 4 期。

[37]李鹏,2009:《供求关系对煤炭价格的影响分析》,《煤炭经济研究》第 3 期。

[38]李虹,2010:《低碳经济背景下化石能源补贴改革障碍及中国对策研究》,《经济理论与经济管理》第 10 期。

[39]李虹,2010:《化石能源补贴改革与中国低碳经济社会的构建》,《宏观经济原理》第 9 期。

[40]李虹,2011:《中国化石能源补贴与碳减排——衡量能源补贴规模的

理论方法综述与实证分析》,《经济学动态》第 3 期。

[41]李康明,2009:《确立新的能源价格形成机制的法律思考》,中国海洋大学硕士学位论文。

[42]李英、李成仁、段燕群,2010:《我国电价水平的国际比较》,《中国电力企业管理》第 10 期。

[43]李泳、李金青,2011:《我国能源价格变化与行业增长的关系研究》,《数学的实践与认识》第 4 期。

[44]李坤望、孙伟,2008:《我国能耗和能源密集型产品贸易关系分析》,《当代经济科学》第 3 期。

[45]李小月,卢锟,2008:《国际能源价格变动对我国能源价格机制形成的影响——兼论我国能源价格管理体制》,《中国矿业》第 17 卷第 1 期。

[46]李泳,2010:《能源价格、投入替代与行业增长》,《中国矿业大学学报》第 2 期。

[47]林伯强、王峰,2009:《能源价格上涨对中国一般价格水平的影响——基于投入产出价格影响模型和递归的 SVAR 模型的研究》,《经济研究》第 12 期。

[48]林伯强,2011:《应推动能源价格主动渐进性改革》,《环境经济》第 7 期。

[49]林伯强,2010:《危机下的能源需求和能源价格走势以及对宏观经济的影响》,《金融研究》第 1 期。

[50]林伯强,2007:《中国能源问题与能源政策选择》,北京:煤炭工业出版社。

[51]林伯强,2009:《中国能源政策思考》,北京:中国财政经济出版社。

[52]林刚,2008:《利用价格杠杆,调节电力需求》,《广西电业》第 101 期。

[53]刘强、庄幸、姜克隽、韩文科,2008:《中国出口贸易中的载能量及碳排放量分析》,《中国工业经济》第 8 期。

[54]刘刚、宋华岭,2008:《中国能源缺口探析》,《中国矿业》第 8 期。

[55]刘忠涛,2010:《制度因素、要素禀赋与产业结构变化》,《中国农村经

济》第 9 期。

[56]兰宜生、宁学敏,2010:《我国出口扩大与能源消耗的一项实证研究》,《财贸经济》第 1 期。

[57]卢晓燕、郑厚清、杨坤峰,2009:《从国际比价看我国能源比价关系的合理性》,《中国能源》第 1 期。

[58]罗堃,2009:《中国能源密集型产品贸易的环境扭曲效应及矫正机理研究》,张小蒂教授,浙江大学博士学位论文。

[59]罗堃,2011:《我国能源密集型产品出口贸易的环境代价内部化:"两难"及其化解》,《国际商务——对外经济贸易大学学报》第 3 期。

[60]罗汉武、李昉,2009:《能源价格管制政策的优化研究》,《中州学刊》第 3 期。

[61]罗汉武、李昉,2009:《能源价格改革和财政补贴》,《经济经纬》第 2 期。

[62]梁永乐,2006:《我国石油价格机制改革的思路及建议》,《改革与战略》第 10 期。

[63]马丹丹、杨迎春,2011:《能源消费约束下中国出口贸易结构调整》,《经济纵横》第 5 期。

[64]【美】迈克尔·波特,2005:《竞争优势》,北京:华夏出版社。

[65]牛凤瑞、刘昌义,2008:《中国能源供求形势与战略选择》,《经济纵横》第 7 期。

[66]牛晨,2009:《能源价格和税收改革面临的问题及对策研究》,《中国经贸导刊》第 2 期。

[67]齐玲,2006:《国际贸易理论中要素价格均等化条件的扩展》,《中央财经大学学报》第 7 期。

[68]齐平茹、王伟,2006:《论电力价格改革中的政府管制》,《当代经济研究》第 3 期。

[69]钱伟民、汤建光,2009:《能源使用效率与中国能源价格市场化》,《经济问题探索》第 10 期。

182

[70]乔桂银,2009:《能源价格机制改革势在必行》,《生产力研究》第 17 期。

[71]邵朝对,2012:《能源价格冲击对中国贸易结构的传递效应》,《上海经济研究》第 7 期。

[72]邵建春,2011:《碳关税的贸易保护本质及其对发展中经济体出口的影响》,《经济经纬》第 4 期。

[73]单宝,2006:《石油定价机制存在的问题及对策》,《宏观经济管理》第 7 期。

[74]苏梽芳、蔡经汉,2009:《我国能源消费与出口贸易非线性协整关系实证研究》,《中央财经大学学报》第 12 期。

[75]孙艳、张洪波,2010:《金融危机下我国煤炭定价机制的思考》,《改革与战略》第 202 期。

[76]孙小羽、臧新,2009:《中国出口贸易的能耗效应和环境效应的实证分析——基于混合单位投入产出模型》,《数量经济技术经济研究》第 4 期。

[77]沈利生,2007:《我国对外贸易结构变化不利于节能降耗》,《管理世界》第 10 期。

[78]谭真勇、杨可伟,2011:《能源价格理论研究新进展》,《经济学动态》第 1 期。

[79]谭宗贤,2005:《论自然资源管理制度创新》,《国土资源科技管理》第 1 期。

[80]唐要家、袁巧,2012:《工业出口贸易结构变动对节能减排的影响》,《经济管理研究》第 5 期。

[81]田富锃,2011:《我国能源价格和税收改革面临的问题和政策研究》,《中国市场》第 19 期。

[82]魏本勇、方修琦、王媛、杨会民、张迪,2009:《基于投入产出分析的中国国际贸易碳排放研究》,《北京师范大学学报(自然科学版)》第 4 期。

[83]王宇雯,2009:《人民币实际有效汇率及其波动对我国出口结构的影响——基于 ARDL—ECM 模型的实证研究》,《数量经济技术经济研究》第 6

期。

[84]王海博、张云辉、陈倩,2012:《我国成品油价格的国际比较与启示》,《国际石油经济》第 5 期。

[85]王军、仲伟周,2009:《中国地区能源强度差异研究——要素禀赋的分析视角》,《产业经济研究》第 6 期。

[86]王军,2010:《我国能源价格改革的机制探讨》,《经济问题》第 10 期。

[87]王龙,2010:《电价体制改革问题浅析》,《山西财经大学学报》第 1 期。

[88]王文斌,2008:《运用价格杠杆促进资源节约和环境保护的思考》,《中国经贸导刊》第 5 期。

[89]王文文,2008:《欧盟的能源税概况、瓶颈及展望》,《产业与科技论坛》第 8 期。

[90]王彦佳、张阿玲、施祖麟、邱大雄,1996:《未来能源价格对能源需求的影响》,《数量经济技术经济研究》第 11 期。

[91]王明喜、王明荣、汪寿阳,2011:《碳关税对发展中国家的经济影响及对策分析》,《系统科学与数学》第 2 期。

[92]王乾坤、胡兆意、李琼慧,2009:《中国与世界主要国家电价比较分析》,《电力技术经济》第 6 期。

[93]魏锋等,2010:《我国出口商品结构与贸易发展方式的转变——基于 1978—2007 年的经验研究》,《国际贸易研究》第 1 期。

[94]吴丽丽,2008:《协调国内外能源价格体制更重要》,《经济研究·时代人物》第 8 期。

[95]吴凌芳、杨迎春、谢水玉,2014:《能源价格走势对福建省出口贸易的影响》,《厦门理工学院学报》2014 年第 3 期。

[96]伍世安,2011:《深化能源资源价格改革:从市场、政府分轨到"市场＋政府"合轨》,《财贸经济》第 5 期。

[97]谢申祥、王孝松、张宇,2009:《对外直接投资、人力资本与我国技术水平的提升》,《世界经济研究》第 11 期。

[98]熊妍婷,2011:《外贸易与能源消耗》,《财贸研究》第 1 期。

[99]邢孝兵,2006:《寡头垄断条件下的要素禀赋理论》,《产业经济研究》第 6 期。

[100]邢保平,2010:《理顺煤电关系的建议》,《商情》第 6 期。

[101]夏学英,2011:《煤炭价格形成机制改革变迁与趋势及其影响分析》,《煤炭经济研究》第 4 期。

[102]徐少君,2011:《能源消费与对外贸易的关系——基于中国省际面板数据的实证分析》,《国际商务——对外经济贸易大学学报》第 6 期。

[103]杨迎春,2010:《低碳经济约束下福建省工业品出口结构优化》,《厦门理工学院学报》第 2 期。

[104]杨迎春、岳咬兴,2010:《能源相对价格、技术进步与出口规模增长》,《世界经济研究》第 10 期。

[105]杨迎春,2010:《低碳经济趋势下贸易摩擦及 WTO 机制困境》,《世界贸易组织动态与研究》第 4 期。

[106]杨迎春,2010:《能源价格管制对中国出口比较优势影响研究》,《石家庄经济学院学报》第 5 期。

[107]杨迎春,2011:《"节能减排"诉求的国别差异与贸易摩擦生成》,《现代管理科学》第 10 期。

[108]杨迎春,2011:《出口贸易对我国能源效率影响实证分析——基于 1995—2009 年省际面板数据》,《国际商务研究》第 6 期。

[109]杨迎春,2015:《国内外能源价格差异化走势视角下中国出口贸易发展》,《现代管理科学》第 3 期。

[110]杨继生,2009:《国内外能源相对价格与中国的能源效率》,《经济学家》第 1 期。

[111]仰炬、耿洪洲、王新奎、张志超,2009:《我国成品油政府管制策略研究_兼论我国成品油定价机制改革》,《财贸经济》第 6 期。

[112]伊显萍、王生,2011:《能源消费、节能潜力与中国对外贸易》,《经济管理》第 2 期。

[113]余玉琴,2009:《我国可再生能源法律制度的完善》,海南大学硕士学

位论文。

[114]原鹏飞、吴吉林,2011:《能源价格上涨情景下能源消费与经济波动的综合特征》,《统计研究》第9期。

[115]张传国、陈蔚娟,2009:《中国能源消费与出口贸易关系实证研究》,《世界经济研究》第8期。

[116]张军、吴桂英、张吉鹏,2004:《中国省际物质资本存量估计:1952—2000》,《经济研究》第4期。

[117]张建斌,2011:《价格规制、煤炭资源与能源约束:最优开发路径试解》,《改革》第208期。

[118]张小蒂、罗堃,2007:《中国能源密集型产品出口贸易的环境代价》,《学术月刊》第39卷。

[119]张为付、潘颖,2007:《能源税对国际贸易与环境污染影响的实证研究》,《南开经济研究》第3期。

[120]张海滨,2009:《目前我国天然气定价机制存在的主要问题及对策初探》,《中国科技信息》第9期。

[121]张燕、刘峰,2015:《基于国际商品分类标准的我国出口商品结构分析方法》,《对外经贸实务》第4期。

[122]赵玉焕,2009:《多边贸易体制在应对全球气候变化中的作用》,《世界贸易组织动态与研究》第9期。

[123]赵小平,2006:《国内石油价格为什么要与国际市场接轨》,《宏观经济研究》第7期。

[124]赵静、孙薇、单葆国,2008:《终端能源消费结构与经济发展》,《电力需求侧管理》第2期。

[125]赵美田,2011:《基于安全的能源价格改革研究》,《中国煤炭》第5期。

[126]赵静,2010:《我国工业终端能源消费与合理用能浅析》,《能源技术经济》第6期。

[127]赵永、王劲峰,2008:《经济分析CGE模型与应用》,北京:中国经济

出版社。

[128]战彦领,2008:《国际油价走势及对国内煤炭价格的影响分析》,《中国煤炭》第 34 卷第 9 期。

[129]朱成章,2006:《从国际能源价格走势看我国电力价格存在的问题》,《煤炭经济研究》第 11 期。

[130]朱田伦,2009:《关于成品油定价机制与国际接轨的相关讨论》,《今日南国》第 130 期。

[131]朱启荣,2011:《中国出口贸易活动中的能源消耗问题研究》,《统计研究》第 5 期。

[132]朱顺贤,2006:《关于构建我国能源税制的思考》,《税务与经济》第 3 期。

[133]周勤、赵静、盛巧燕,2011:《中国能源补贴政策形成和出口产品竞争优势的关系研究》,《中国工业经济》第 3 期。

[134]邹绍辉、张金锁,2010:《我国煤炭价格变动模型实证研究》,《煤炭学报》第 3 期。

[135]曾铮,2009:《基于新兴市场国家视角的理论和中国经验》,李海舰教授,中国社会科学院研究生院博士学位论文。

[136]Andrew Levin and Lakshmi K. Raut. Complementarities between Export and Human Capital in Economic Growth：Evidence from the Semi-industrialized Countries. *Economic Development and Cultural Change*. 1997.

[137]Antweiler, Werner, Brian R. Copeland and M. Scott Taylor. Is Free Trade Good For The Environment? *American Economic Review*.2001.

[138]Barro，R.and Lee, Jong-Wha. International Data on Educational Attainment：Updates and Implications. Oxford Economic Papers.2001.

[139]Balassa，B. Trade Liberalization and Revealed Comparative Advantage. *The Manchester School*.1965(33).

[140]Birgit Friedl,Michael Getzner. Determinants of CO_2 Emissions in a Small Open Economy. *Ecological Economics*.2003(45).

[141]Brander,J.A.,Taylor,M.S.International Trade and Open Access Renewable Resources:the Small Open Economy Case. *Canadian Journal of Economics*. 1997(30).

[142]Berndt, E., and D. Wood. Technology, Prices, and the Derived Demand for Energy.*Review of Economics and Statistics*.1975, 57(3).

[143]Biro.F, and J.H.Keppler.Prices,Technology Development and the Rebound Effect. *Energy Policy*.2000(28) .

[144]Christopher L.Weber,Glen P.Peter,Dabo Guan and Klaus Hubacek.The Contribution of Chinese Exports to Climate Change.*Energy Policy*.2008(6).

[145]Christopher L.Weber and H.Scott Matthews.Embodied Environmental Emission in U.S. International Trade 1997—2004. *Environmental Science& Technology*.2007 (12).

[146]Costantini,V.and F.Crespi. Environmental Regulation and the Export Dynamics of Energy Technologies. *Ecological Economics*.2008(66).

[147]David T.Coe and Elhanan Helpman. International R&D spillovers. European *Economic Review*. 1995(39).

[148]EuropeanEnvironmentAgencyReportNo9/2009. http://www.eea.europa.eu/publications/eea_report_2009_9

[149]Field, C., and Grebenstein, C. Capital-Energy Substitution in US Manufacturing.*Review of Economics and Statistics*.1980,62(2).

[150]Fisher-Vanden, K., G. Jefferson, H. Liu, and Q. Tao, "What is Driving China s Decline in Energy Intensity", Resource and Energy Economics.2004, 26(1).

[151]Frecrich Kahrl and David Roland-Holst. Energy and Exports in China.*China Economic Review*.2008 (5).

[152]Frecrich Kahrl and David Roland-Holst. Growth and Structural Change in China's Energy Economy. UK Berkeley. 2007.

[153]Greenaway, D. and Milner, C. *Trade and Industrial Policy in Developing Countries: A Manual of Policy Analysis*. The Macmillan Press. 1993.

[154]Giovani Machado, Roberto Schaeffer, Ernst Worrell. Energy and carbon embodied in the international trade of Brazil: an input-output approach. *Ecological Economics*, 2001(39):409—424.

[155]Grossman, G. M. and Krueger, A. B. Environmental Impacts of North American Free Trade Agreemen. NBER Working Paper Series. 1991(3914).

[156]Hongtao Liu, Youmin Xi, Jue Gou. Xia Li, Energy embodied in the international trade of China: An energy input-outputanalysis. *Energy policy*, 2010(38):3957—3964.

[157]International Energy Agency(IEA). World Energy Outlook Insights, Looking at Energy Subsidies: Getting the Prices Right. OECD, Paris, 1999.

[158]IEA. Energy prices&taxes. Paris. 2009.

[159]Jose, Goldenberg. Energy Problems in Latin America. *Science*, New Series. 1984(223).

[160]João Ricardo FARIA et al. the Effect of Oil Price on China's Exports. *China Economic Review*. 2009(20).

[161]James B Ang. CO_2 Emissions, Energy Consumptionand Output in France. *Energy Policy*. 2007(35).

[162]Jevons, William Stanley, 1865/1965. In: Flux, A.W. (Ed.), The Coal Question: An Inquiry Concerning the Progress of the Nation, and the Probable Exhaustion of Our Coal-mines, 3rd edition 1905. Augustus M. Kelley, New York.

[163]Kemp Murray，Van Long Ngo. *The Role of Natural Resources in Trade Models.Handbook of International Economics*.B.V：Elsevier Science Publishers.1984.

[164] Koplow, D. and J. Dernbach. FederalFossil Fuel Subsidies and Greenhouse Gas Emissions：A Case Study of Increasing Transparency for Fiscal Policy.*Annual Review of Energy and Environment*. 2001.

[165]LEE C C. Energy consumption and GDP in developing countries：a cointegrated panel analysis.*Energy Economics*.2005(27).

[166]Lin，Boqiang and Zhujun，Jiang.Estimates of Energy Subsidies in China and Impact of Energy Subsidy Reform.*Energy Economics*.2009.

[167]Lenzen M.Primary energy and greenhouse gases embodied in Australian final consumption：an input-output analysis. EnergyPolicy.1998(26).

[168]Monika Tothova.The Trade and Trade PolicyImplications of DifferentPolicy Responses toSocietal Concerns. OECD Food, Agriculture and Fisheries.Working Papers. No. 16，2009.

[169]Machado G，Schaeffer R，Worrell E.Energyand Carbon Embodied in the International Trade of Brazil：An Input-output Approach .*Ecological Economics*.2001(39).

[170]Mukhopadhyay Kakali.Impact of Liberalized Trade on Energy Use and Environment in India. *Journd of Environ mental Economics and Management*.2004.

[171]Martin C.McGuire. Regulation，Factor Reward and International Trade. *Journal of Public Economics*.1982(17).

[172]Peters Glen and Hertwich E.G. Energy and Pollution Embodied inTrade：the Norwegian Case. *Global Environmental Change*. 2005(16).

[173]Robert，H. Rasche and John A. Tatom. The Effect of the New Energy Regime on Economic Capacity，Production，and Prices.*Federal Reserve Bank of St. Louis Review*.1977(59).

[174]Renata Korsakien, Manuela Tvaronaviien and Rasa Smaliukien, Impact of energy prices on industrial sector development and export: Lithuania in the context of Baltic States.*Procedia-Social and Behavioral Sciences*. 2014(110).

[175]Sadorsky, P. Oil price shocks and stock market activity. *Energy Economics*.1999.

[176]T. Owen. Energy Planning in Latin America: A Brief Review of Selected Countries. *Latin American Research Review*. 1982 (3).

[177]Tatsu Kambara. The Energy Situation in China. *The China Quarterly*,1992(131).

[178]UK Government. Energy White Paper,Our Energy Future:Creating a Low Carbon Economy.2003.

[179]Vollrath, T. A.Theoretical Evaluation of Alternative Trade Intensity Measures of Revealed Comparative Advantage.*Review of World Economics*. 1991(130).

[180]Van Beers,C.,van den Bergh,J. An Empirical Multi-country Analysis of the Impact of Environmental Regulation on Foreign Trade Flows. Kyklos.1997(50).

[181]Vivek Suri, Duane Chapman. Economic growth, trade and energy: implications for the environmental Kuznetscurve[J]. *Ecological Economics*, 1998(25):195—208.

[182]Westerlund, J. Testing for Error Correction in Panel Data. *Oxford Bulletin of Economics and Statistics*,2007(69).

[183]Wooldridge, J. *Econometric Analysis of Cross Section and Panel Data*.MIT Press, 2002.